日本人は

リスクとどう付き合うべきか？

あなたは、科学が進歩すれば「リスクはゼロにできる」と思っていませんか？

佐藤雄也
Katsuya Sato

五月書房新社

原題

リスク・コミュニケーションの心得

安全をめぐる対立から共存へ

はじめに

リスク・コミュニケーション（リスコミ）は、より安全な社会を求めて行うものです。しかし、リスクへの対応方針をめぐって皆の考えが一つになるとは限りません。

例えば原発の再稼働について、国は「規制委員会により世界で最も厳しい水準の規制基準に適合すると認められた場合には、その判断を尊重し原発の再稼働を進める」方針です。このため国は、リスコミをしっかり進め、再稼働の理解を得ていきたいと言っています。

一方、再稼働に反対の人たちも同様に、リスコミをしっかり進めて反対の声をさらに広げたいと言っています。

このようにリスコミは、国民など利害関係者にリスクへの対応方針（政策）を理解してもらうための手段として使われることがありますが、リスコミの目的は、どっちの主張が正しいか、二者択一的に判断するためにあるのでしょうか。一般に、リスコミをしても、賛成か反対かの二者択一の結論に皆が納得することはありません。なぜなら賛成する側、反対する側には、それぞれ心配な理由があるからです。賛成する人たちは心配ないと思っているからだ、と思い違いされることがありますが、賛成しないと困る理由があるからです。したがって二者択一では、一方の心配事が解決しても、他方の心配事は残ったままになります。

リスコミの本来の目的は、賛成・反対の双方がリスコミを行うことで、双方の心配事が解消、あるいは少なくなるような方策を見出すことにあります。

リスクへの対応方針をめぐり、どうしたら対立でなく共存できるか。本書はこうした考えにもとづき、リスコミのあり方について述べたものです。

これまでのリスコミ関係の解説書には、規制の科学的根拠などをできるだけ分かりやすく丁寧に説明して、質問には誠実に答えるなどといった対話手法に関するものが多いように見受けられます。しかし、そもそもリスクとはどのようなものなのか、リスクの受け止め方、対応の仕方などの理解に不可欠な基礎的なリスク関連用語に関する概念説明が不足しているように思われます。

専門家ほどでなくても思い違いのない程度にリスク関連用語の意味について理解してリスコミをしないと、いくら話し上手でも相手には話し手の意味するようには伝わりません。その結果、リスコミが噛み合わなかったり、場合によっては相互不信の原因になります。

そのため本書ではリスコミの心得として、思い違いされやすいリスクの概念やリスク管理などのリスク関連用語の概念について、分かりやすく具体例で説明することに多くのページを割きました。次いでリスコミの必要性、目的、議論すべき視点などリスコミの進め方について示し、その応用例を最終章に示しました。

本書が原子力や環境、食の安全問題などに見られる安全をめぐる賛成・反対の二者択一のリスコミから利害関係者の共存を目指す対策を見出すリスコミへの転換に役立てれば幸いです。

日本人はリスクとどう付き合うべきか？

あなたは、科学が進歩すれば「リスクはゼロにできる」と思っていませんか？

目次

第1章　リスクの正体を知る

第2章　リスク管理――リスク発生の防止対策

第3章　リスクへの対応はどのように判断されるか

第4章　リスク管理――規制の仕組み

28 放射線の健康影響と規制値 116

第5章　規制値の決定だけがリスク管理ではない

第6章　リスク情報とリスク管理

第7章　危機管理とリスク管理はこれだけ違う

第8章　リスク・コミュニケーションの心得

第9章　共存のためのリスク・コミュニケーション
——原発再稼働問題への応用

第1章　リスクの正体を知る

1　安全でないクルマはリスク管理の対象にならない!?

――分かっているようで分からなくなるリスク　思い違いされやすいリスク

「リスク（risk）」とは何でしょうか？　この言葉には適当な日本語訳がないのですが、その意味するところは、表現はいろいろあるとしても「起きては困ることが起きる可能性」という概念です。

それなら次の表現は、どちらがリスクの概念を言い当てていると思いますか？

① 安全でない車はリスク対策（管理）の対象にはならない。

② 安全な車だからリスク管理の対象にはならない。

皆さんは②と思っていませんか。正解は①です。その理由は、後ほど（☞9項）読んで頂ければお分かりいただけると思いますが、この他にも、「危険なものが存在するからリスクがある」（☞4項）とか、「価値のあるものほどリスクは重大である」（☞8項）、「定量的に議論できないリスクはリスクとはいえない」（☞5項）等々、リスクに関する思い違いがたくさんあるのです。その原因は、これまで、学校でリスクの概念について分かりやすく授業で習う教科書がなかったからではないかと筆者は考えています。そこでこうした思い違いを防ぐために先ず本章でリスクの正体を明らかにしたいと思います。

2　人間社会が存在するかぎりリスクは不滅である

⑴　科学が進歩してもリスクはゼロにはできない

科学が進歩すればリスクは無くなるかといえば、むしろなくなるどころか新たなリスクの方が多くなります。リスクは昔からありましたが、今のリスクの方が格段に多種・多様・高度化しています。例えば原発のない時代は、原発事故のリスクはありませんでした。人間の英知は、日進月歩で新たな利便性を生み出す一方で、それに伴う新たなリスクを生み出しています。将来的には人工知能（ＡＩ）の暴走リスクも指摘されています。リスクは不滅なのです。

⑵　予知能力の限界

たしかに科学が進歩すれば、リスク発生の原因究明が可能となります。ただし、それはリスクが発生して結果が明らかとなったものについてだけです。リスク発生前については、最新科学といえどもリスク発生の原因を想定して科学的に結果を推測しているに過ぎません。したがって、想定外の原因よる結果の予知については、科学は無力なのです。

もし、リスクを予知できれば対策は容易になりますが、人間は全知全能ではないので時々刻々変化する状況を物語の筋書きのように全て予知することはできません。このリスク発生の予知能力の限界こそが、リスクをゼロにできない理由です。もし、ゼロ・リスクがあり得るのであれば、保険など不要になります。

(3) リスク対策には副作用という新たなリスクを伴う――リスクのトレード・オフ

リスクは不滅と言いましたが、一つのリスクに着目してゼロにすることは可能です。しかし、そのリスクをゼロにしようとすると別の新たなリスクが発生するのです。リスクは形を変えて不滅なのです。

東京電力福島第一原発事故（以後、「福島第一原発事故」と略称）を教訓にして原発を使用することによるリスクを減らすために脱原発を進めようとすると、今まで原発を使用することでメリットを得ていた人たちは、原発を使用しないことによる新たなリスクを心配します。このように、問題となっているリスクを減らそうとすると、副作用として別の新たなリスク（一つとは限らない）が増加する関係をリスクのトレード・オフと言います。

リスク対策（管理）には大なり小なり副作用という新たなリスクが伴うので、目前のリスクだけでなく副作用リスクも考えないと対応を誤ることになります。規制強化に反対する人びとは、副作用が大きすぎて許容できないと考えるからです。

リスコミnote①

豊かな人生のために避けられないリスクと付き合う

科学が進歩してもリスクはゼロにはできない、人間のリスク予知能力には限界がある、と言われれば、心配の種は尽きないと絶望的な気持ちになるかもしれません。

リスクをなくす方法はただ一つ。リスクのあることはしないことです。泳がなければ溺れない。食べなければ食中毒になることもない。外出しなければ交通事故には遭わない。つまり何もしなければ、すべてのリスクがゼロとなります。しかし、徹底して何もしないということは、それは死を意味します。そのような人生は豊かと言えるでしょうか。

われわれは生きているかぎりリスクから逃れられませんが、リスク管理はその心配を取り除いたり緩和したりするためにあるのです。病気になるリスクは誰にでもありますが、健康検診を受診して安心できるのです。受診してもし病気が見つかったら心配だと思うかもしれませんが、自覚症状が出てから病院に行くより、早く見つかって病気の治る可能性が高くなり良かったわけです。

リスク管理とは平たく言うと、リスクとの付き合い方のことです。リスクとの付き合い方を知って、仕事に、家庭サービスに、旅行に、趣味に伴うさまざまなリスクが多いほど、豊かな人生になるのではないでしょうか。

3 リスクは、発生するまでは抽象の世界の出来事

発ガンリスクは怖いと思っている皆さんでも、自分がガンになったときのことを想像したことがありますか。何のガンになったのですか、胃ガンですか、肺ガン、大腸ガン、それとも……。そして治りやすい早期ガンですか、それとも末期ガンですか。また何歳のときですか。もちろん、いつか体のどこかにガンが見つかるのでは、と心配する人はいますが、誰もそんな具体的なことまでは想像しません。なぜなら本当に想像した通りにガンになるとは限らないからです。

このように発ガンリスクといっても内容は極めて抽象的なものに止まります。それは発ガンリスクが未然防止の対象だからです。未然防止であるかぎり当然のことながら、リスクは姿(すがた)形(かたち)のあるものとしては実在しません。あるのは頭の中にあるイメージだけです。

このリスクの抽象性はリスクの重大性を議論するときに大変重要な意味を持ってきます。リスクは現実のものとなったとき初めて具体性を持ちます。その現実の姿はケースごとに大なり小なりイメージと異なります。したがって、現実に起きていない抽象的なリスクの重大性について、人びとの受け止め方は一様でないことが多いのです。

4　毒キノコの存在はリスクそのものではない
――リスクとリスクの原因との関係

リスクとは「起きては困ることが起きる可能性」です。そのリスクについて、よく思い違いされることがあります。それは、リスクの原因となる有害物質の存在自体をリスクと思ってしまうことです。

例えば毒キノコを考えてみます。毒キノコといえども食べないかぎり無害です。山に毒キノコが生えているからといって、毒キノコを取り除けという人はいないし、入山禁止などにもしません。毒キノコを食べられるキノコと思って食べる可能性がリスクなのです。毒キノコの存在はリスクの原因になることがあっても、リスクそのものではありません。

リスクとは有害物質や危険物などリスクの原因となるものが、人やものに影響を与える可能性のことです。どんなに危険なもの（ハザード：hazard）でも、人やものに影響を与える可能性がなければリスクがあるとは言いません。

5　リスクの可能性はどのようにして求めているか

リスクには不確実性が伴うと言われるのは、そもそもリスクとは起きては困ることが起きる

「可能性」のことだからです。必ずリスクが発生するとは限らないだけに、その可能性はどうして分かるのか気になるところです。その算出法には、大きく分けて次の4種類があります。

⑴ 数学的に確率を求める

身近な例として、宝くじに当たる確率があります。発行枚数10億枚のジャンボ宝くじに1等5億円が100本あるとすると、1等の当たる確率は、

100本 ÷10億枚=1000万分の1

と計算されます。

確率は分子（宝くじの当選本数）を分母（宝くじの発行枚数）で割った値ですが、選挙である候補者が当選する確率は5分5分だとか、8割方当選するとかいう場合の確立は、何が分母で何が分子かが必ずしも明確でなく、勘という感覚的な確率もあります。

⑵ 実験や理論で求める

例えば100匹のネズミにどの位の発ガン物質を与え続けるとどの位の割合（確率）で発ガンするか、というように動物実験で発ガンリスクの可能性を求めます。

実験結果で得られた発ガンリスクの可能性と発ガン物質の摂取量との関係をもとに、実験動

物の数が多すぎて実験できないような領域（たとえば10万匹に1匹程度）の発ガンリスク（可能性）における発がん物質の摂取量については、理論式で求めています。

なお、発ガン物質の規制値の算出法については、31項で説明します。

(3) 調査や観測データをもとにモデル計算で求める

身近な例として、天気予報や巨大地震の予報などがあります。

(4) 統計で求める

自動車事故による死者の数は、理論的に計算してはじき出せるものではありません。実験で得られるものでもありません。しかし、統計をとれば、年により変動することがあっても、最近は大体年間４０００人台という見当がつきます。少なくとも数百人とか、数万人ということはありません。自動車保険は統計データがあるから成り立ちます。統計はリスクの可能性の算定の有力な手段と言えます。

(5) 定量的に求めるのが難しいもの

ところが、ニュースなどで「統計を取り始めた○○年以来、最悪の状況」と言うように、以前は関心が持たれなかった事案については、統計がありません。むしろ統計のある事案の方が少ないのが実態と言えると思います。

よくリスクの可能性について、「定量的に説明してくれ、説明できないのであれば、なんとでも説明できることになり、とても学問とは言えないのではないか」、といった考え方を耳にしますが、リスクには原因が一つとは限らないリスク（例えば交通事故、原発事故など）もあるし、原因がはっきりしないリスク（例えば環境ホルモンによる健康影響など）もあるので、可能性について定量的に評価できるリスクの方が少ないのです。

地球温暖化で2050年に東京の年平均気温が何度になるか、被害がどの程度になるかなどについては、前提条件の設定の仕方によって予測結果はかなり変動します。世の中の政治的課題のほとんどはこの種のリスクと言えます。定量的に可能性を議論するのが難しいリスクを検討するのは無意味として排除する考え方は、因果関係の未解明のリスクは対策を取る必要がないと主張しているようなものです。政策責任者（リスク管理者）はインフルエンザ治療薬タミフルの問題のように因果関係の未解明なリスクについても対応を迫られます。

6　発ガンのリスクは宝くじの一等当選と同じ

「食品添加物の入った食品を仮に毎日食べても発ガンのリスクは10万人に1人です、と説明されても、もし、ガンになったらそれまでではないですか。いくら10万人に1人の確率だと言われても、ガンになった当人にとっては１００％です。とても安心などできません」。このような不安はよく耳にします。この不安はもちろん発ガンに対する恐怖によるものですが、原因はリスクの不確実性にあります。

宝くじの例を思い起こせば、不確実だからこそリスクがあることが分かります。宝くじの1等の当たる確率が1千万分の1の場合、ご存じのように１０００万枚買っても必ず1等が1本当たるとは限りません。実際には10枚セットを買ってそのうちの1枚が1等ということだってあります。買った人にとっては10分の1の確率で当たったことになるわけです。極端な場合、1枚買って1等を当てれば、その人にとっては１００％の確率で当たったことになります。

同様に発ガンの確率が10万人に1人ということは、「人口10万の町で必ず1人発ガンする」ということではなく、平均すると10万人に1人の割合で発ガンするということです。発ガンリスクの場合は、各人が10万枚に1本の割合で発ガンする大凶くじを1枚持っていることに相当します。もし、発ガンという大凶を（10万分の1の確率で）引いてしまえば、その人にとっては１００％の確率で当たったように思えてしまうのです。

抽選が行われるまでは、誰が幸運を射止めるかは分からないのを承知で宝くじを買います。発ガンリスクも発ガンするまでは、誰が発ガンするかは分からないのです。ところが発ガンリスクの場合は、みんな不安なので大凶くじの抽選前に大凶の当選番号を知りたい、分かればその番号のくじを引かない、と考えてしまうのです。宝くじの場合では抽選前と抽選後との関係を理解できるのに、大凶くじになると宝くじの場合と同じようには考えられなくなってしまうのです。リスクは可能性（1千万本に1本の確率）を示しているだけで、確定結果（当選番号）を示すものではないのです。

リスコミnote②

発ガン確率10万分の1の意味

水道水中の発がん物質の規制値などは、発ガン確率10万分の1で設定されていますが、「発ガン確率10万分の1」の意味するところは、次の通りです。

２０１３年に生まれた赤ちゃんは１０２万人です。その中には１００歳以上も長生きする赤ちゃんもいるし、５歳までに亡くなるとか、さまざまですが、発ガン確率10万分の1とは、計算上、生涯を通じて１０２万人の内10・２人（＝１０２万÷10万）が発ガンするという意味です。

7　可能性の低いリスクの方が議論が盛り上がりやすい

リスク（起きては困ること）の発生を未然に防ぐには、①リスクの重大さと②リスクの可能性（確率）の二つの要素を考えます。当然、リスクの議論をするときは①については原発事故や発ガンのような重大な影響を及ぼすリスクを議論の対象にしますが、②のリスクの可能性については低いリスクを対象にすることの方が多いのです。なぜなら可能性が高いときは〝リスク〟というより〝危険〟だから議論などしている場合ではなく、即対応しなければならないからです。

河川から取水する水道原水は、原水中の病原菌を消毒するため、明治時代から塩素系消毒剤で原水中の病原菌を消毒しています。水道普及率が5割に達していなかった1960年以前は、飲料水由来の伝染病（コレラ、赤痢、チフスなど）患者は毎年5万〜10万人以上を数えました。その後、高度経済成長と共に普及率が上昇して90％を超える1980年までに、この種の伝染病は激減したのは塩素消毒された水道水の普及のおかげです。

伝染病の発生など忘れかけた1990年頃になって、伝染病予防の立役者である塩素系消毒剤の塩素が、水道原水に含まれる植物の腐植質や都市排水中の有機物質と反応して、トリハロメタンという発ガン性の疑われる物質を生成することが分かってきました。

発ガンリスクを真剣に心配すると、誰でもそのリスクの原因を取り除こうと考えます。そして水道水の消毒に塩素系消毒剤の使用を禁止すべきであるという議論が高まり、明治以来、長年、塩素消毒の水道水を使用してきても発ガンが問題にならなかったほど発ガン確率が低いという事実が目に入らなくなります。しかも水道原水の消毒をしなければ、直ちに明日にでも伝染病患者の発生リスクが確実に高まることまでは考えが及ばなくなります。

発ガンリスクの確率は問題にならない程度に小さいので、塩素系消毒剤を全面禁止にはしないで、伝染病の病原菌を滅菌する程度までは使用が許されるべきだなどと発言すると、発ガンリスクの予防に真剣でないと思われかねない雰囲気になることさえあります。

確率の低いリスクを議論しているはずなのに、心配の余り今にもリスクが発生するかのように、確率の高いリスクとして考えてしまうと、リスク対策に伴う副作用リスク（☞2項）を忘れたり、議論の方向を誤ることになるので要注意です。

なお、水道水は、伝染病予防の観点から消毒のために塩素を一定濃度以上、添加することが法律で定められています。同時に、発ガン予防の観点からトリハロメタンについては、生涯にわたり水道水を飲み続けても人の健康に影響を生じないレベルで規制値が定められています。

8　リスクの重大性は、大切なモノが受ける被害の大きさの度合いである

事故で多数の死傷者が発生した場合、限られた医療スタッフや機材で被害を最小限に食い止めるために、救急作業は先ず医療スタッフが事故現場でケガ人の救出の緊急性の優先順位を判断して、救出順位を示すリボンを付けることから始めます。この救出順位を判断することをト

リアージ（仏語の Triage、選別の意）と言っています。瀕死の重症の人と軽症の人とでは、当然、命を失うリスクの高い瀕死の重症の人の救助が優先されます。もちろん重症の人の命の方が軽傷の人の命より尊いからではありません。人の命の尊さには変わりありませんが、リスクの重大性は、尊いモノが受ける被害の大きさの度合いのことなのです。

ところが、事例が異なるとリスクはモノの価値の軽重と関係があるように思ってしまうことがあるから要注意です。例えば道路建設計画に対する住民意見を取り入れて計画道路周辺の自然を守るために10億円の対策費を追加計上することになった場合に、住民側からは道路建設から自然の持つ10億円の価値を守った、と思い違いされることがあります。

住民から指摘される前に自然環境に配慮していれば、このような追加計上は不要だったはずです。そうでないと住民に指摘された対策費用が多額になるほど、つまり〝自然破壊のひどい計画ほど自然の価値が高くなる〟という変な結果になってしまいます。10億円は、自然破壊を未然に防止するための費用です。その工事を9億円で請け負う会社が現れたからといって、その会社が自然の価値を10億円から9億円に減少させたことにはなりません。

自然破壊のリスクの重大性は自然の持つ大切な価値が失われる度合いのことであって、自然の価値の軽重とは無関係なのです。もともとリスクは価値のある大切なものしか対象としていないのです。

第2章　リスク管理――リスク発生の防止対策

9 〝安全でないもの〟は、リスク管理の対象にならない――安全は条件付き

皆さんは「安全である＝リスクがない」と思っていませんか。「車は安全だ」と思っているから安心していられますが、実は世の中に無条件で安全ということはありません。車はブレーキが利くという条件付きで安全です。ブレーキが利かなくなることは滅多にありませんが、利かなくなる可能性がリスクなのです。リスクとは安全の前提条件が機能しなくなる可能性のことです。安全を確保するためには、安全の前提条件が崩れないようにリスク管理することが大切なのです。

安全と思って行動していてもリスクは常について回る。そしてリスクの可能性が小さいほど安全性が高い。車が安全だと言えるのはリスクがごく稀にしか発生しないからです。安心して車に乗るために、安全の前提条件が崩れないように車検を受けるなどのリスク管理が大切なのです。物事が安全でない時は、「リスクがある」などと、のんびりした言い方をせず、端的に「危険である」と言います。ブレーキの壊れている車は即刻、ブレーキの修理に出すべきです。安全でないものは、リスク管理の対象にならないのです。

リスクのないことが安全だと思い違いしている事例があまりにも多いのが現実です。この思い違いが二つの誤った発想の生まれる原因です。一つは、「安全だからリスクがない」という発想で、原発の安全神話が生まれたもとになっています。もう一つは、「無条件で安全」とい

う発想で、安全は条件付きであるにもかかわらず無条件で安全を確保しようとして、リスクは
ゼロにしなければならないとする誤った発想のもとになっています。

リスコミnote③

リスク対策は〝人間味溢れる〟人びとのためにある

世の中のルールは、人は理にかなった行動することを前提に作ってある場合が一般的です。ところが実際には、思い違いをしたり、衝動買いをしたり、催眠術にかかったり、分かっているけど止められないことなどがあります。リスクは、むしろ、こうした人間的な行動で引き起こされる場合が多いのです。

リスク対策（管理）は、コンピュータのように冷静沈着に行動する人間ではなく、忘れん坊、うっかり者、あわて者、のんびり屋、人情にほだされやすいとか、極めて人間味溢れる人びとを前提に考えることが大切です。

10　安全と安心は別物

よく企業の謳い文句などに「弊社は皆さまの安全・安心をお守りします」というように、安全・安心が表裏一体のように使われていますが、安全と安心は別物です。

車の場合、安全の前提条件である「ブレーキが利く」と信頼できる状態がドライバーを安心させます。安心とはリスクがきわめて少ないと信頼している状態です。

安全の前提条件（ブレーキ）が機能しなくなる事態が発生しないように、定期的に車検を受けるなど日頃の点検をしてリスクをできるだけ小さくすることが安心につながります。

また、人はリスクが自分には関係ないと思うときも安心します。かつてマンションの耐震偽装事件が社会的関心を集めました。マンション住まいの人は自分のところは大丈夫かと心配になりましたが、マンション住まいでない人は自分には関係ないので安心していられたわけです。

他方、マンション住まいにもかかわらず、リスクに気付かない人は一見安心しているように見えますが、安全の前提条件を点検していないので安心とは無関係で、不注意なだけです。リスクは、あなたにとって利害関係がある場合にはじめて対応すべきリスクになると言えます。

それでは、一時期不安だったものが、時がたつうちにだんだん薄れていくのは、安心といえるでしょうか。これは、当然のことながら安心とはいいません。当初、心配していた安全の前提条件に対する信頼が時の経過とともに増したわけではないからです。リスクは依然として存在しており、いわゆる慣れというもので、安全の前提条件の裏付けのない安心だからです。「災害は忘れた頃にやってくる」のです。

また、ガン患者に対して、心配しないようにと親切心からガン告知しないで「知らぬが仏」の状態にしておけば患者は安心と言えるでしょうか。これは、リスク情報を患者に知らせないことですから、リスクに対する安全・安心の議論以前の問題です。「知らぬが仏」が安心させる方法ということになれば、リスク情報は知らせない方が良いということになり、リスク発生を防止できなくなります。実際、ガン告知をしないのは、治癒の見込みがない場合に限られているようです。

11 リスク管理の成否のカギはリスク発生への想像力

リスクは抽象の世界の出来事なので姿形のあるものとしては実在しません。あるのは頭の中にあるイメージだけと述べました（☞3項）。

実際、福島第一原発事故の場合も想像を絶する被害は、起きてみないと分からないから安全神話を信じてきたわけです。リスクは現実のものとなったとき、すなわち危機的状況になって初めて具体的に実感できるようになります。それだけにリスク管理の成否は、どれだけ想像をたくましくしてリスク発生を具体的にイメージできるかにかかっていいます。

(1)「食の安全」か「人の安全」か——豊洲市場の場合

築地市場の移転先である豊洲の東京ガスの跡地には土壌汚染があるので、食の安全を考えたとき、そのような土地に魚市場を移転するのは適当でない、という意見があります。もっともな意見のように思えますが、健康リスクを考えたとき最優先に取り組むべき課題は、はたして食の安全なのでしょうか。

土壌汚染によって食の安全が脅かされるといっても、前述したようにリスクは抽象の世界の出来事です。そこで食の安全が脅かされる状態を具体的にイメージ(想像)してみます。まず、汚染土壌中の有害物質が魚を汚染する経路はどんなルートかを考えます。市場にきた魚介類は、鮮度が勝負。せいぜい半日もすれば、仕入れ人に引き取られて市場から出て行ってしまいます。その間、魚介類が土壌に直に接することはありません。となると、残されたルートとして市場内の空気中の有害物質が魚介類に付着するルートが考えられます。

長くてもわずか半日の間に魚介類が食品として危険になるほど汚染されるとなれば、豊洲市場内の空気は燻製室の中の燻蒸物質のような高濃度の汚染物質で汚染されていなくてはならないことになります。もし、市場内の空気がそんなに高濃度に汚染されているとしたら、半日とどまる魚介類よりも、毎日、市場で働く人びとの方が確実に有害物質に曝露されてしまいます。有害物質が体内に取り込まれる経路に着目して考えれば、食の安全を心配する前に、そこで働く人の健康を心配することの方が先で、その安全が確保されれば自ずと食の安全も確保されることになります。逆に食の安全が確保されても市場で働く人の安全が確保されるとは限らないのです。

しかし、地震が発生して液状化現象が起きれば地中の有害物質が一気に地上に吹き出してきて魚が汚染されたら危ないではないか、という指摘もあります。一見もっともな指摘ですが、「食の安全」の観点からは、そのような心配は無用です。例えば市場で火災が発生したとします。消火のために魚が水浸しになったとすれば、水そのものは無害でも水浸しになった魚が出荷されることはないと考えるのが普通です。ましてや地震による液状化現象で泥だらけになった魚を出荷するとは考えられません。

生魚市場に関して「食の安全第一」でリスク管理するのは当然です。だからといって、魚介類の汚染防止が最優先課題になるとは限りません。市場では魚介類よりも圧倒的に曝露時間の長い「市場で働く人」の健康リスクの方が未然防止の優先順位が高いことを見落としてはならないからです。

豊洲市場の地下水は場所によっては環境基準を満たしていないとの指摘があります。地下水を利用しないかぎり健康リスクの問題はありませんが、地下水中の有害物質が蒸発して地上に漏れ出てこないように盛り土や舗装など封じ込め対策をするとともに、多くの人が働くオフィスビル内と同様に換気して市場内の空気が環境基準を満たしている状態に維持することが大切です。そうすれば食の安全はもちろんのこと働く人の健康も確保できます。

(2)「危機感が足りない」とは「想像力が足りない」こと——原発事故の場合

緊急事態が発生すると事態は刻々と悪化していくので、あれこれ考えている余裕はありません。時間との勝負です。そのためには平時にあらかじめ想像力を豊かにしてリスク発生時のイメージを具体的に描き、緊急事態への対応マニュアルを用意しておくことが欠かせません。緊急事態が発生したら、ただちにマニュアルに従って対応します。想像力が乏しいと、マニュアル想定が実際の緊急事態とは異なってしまい、マニュアルが役立たなくなります。

福島第一原発事故では、原発周辺住民の緊急避難が大混乱に陥りました。日頃から緊急事態のイメージを具体的に想定した訓練をして緊急事態に備えておかないと、リスク発生時に被害を拡大させてしまうことになります。

よく「危機感が足りない」と言われますが、緊急事態が発生してリスクが具体化したときのイメージ(想定)ができていないことを指摘しているのです。「事故が起きないと対策をしない」と言われる所以です。

再稼働した原発に万一の事故が発生した場合に備えて、住民参加の避難訓練の実施が欠かせないのは、抽象的なリスクが具体化したときのイメージを住民が実感しておくことが不可欠だからです。

12　事故は想定外でしか起きない

⑴　なぜ事故はなくならないか――リスク管理は想定外に無力

なぜ事故はなくならないかと言えば、安全だと思っている人にとって想定外の原因でしか起きないからです。もし想定内の事故であれば、故意の犯罪的行為あるいは自殺的行為になってしまいます。全知全能でない限り将来発生する出来事を全て言い当てることは不可能です（☞1項）。想定通りには行かないことがリスクです。想定していない原因についてはリスク管理の方法を考えようがないので、事故はなくならない、と言えます。

リスク管理は想定外の原因に対して無力、と言うなら、事故の責任は問えないかというと、ご存じのように裁判で事故責任を問われることがあります。想定外にもいろいろな場合があるからです。

想定外には、①主観的想定外、②客観的想定外、③政策的想定外の3通りあります。この分類は筆者独自のものです。

⑵　主観的想定外の事故

脇見運転で信号待ちの車に追突事故を起こした場合、追突した運転者にとっては、もちろん追突してやろうという意志はなく想定外の事故ですが、事故は起こるべくして起きたのです。運転者が前方に注意するという安全の前提条件を守っていなかったためです。この種の事故は繰り返し起きており、想定外どころか社会常識的には想定内（既知）の原因による事故です。このような想定外を筆者は主観的想定外と呼んでいます。司法の世界では注意義務違反として過失責任が問われます。

(3) 客観的想定外の事故——コメット機の墜落

事故原因が科学的技術的に未解明のケースです。難病のように原因が未解明であれば安全対策（リスク管理）の取りようがありません。このような想定外を筆者は客観的想定外と呼んでいます。

世界初のジェット旅客機である英国のコメット機が乗客を乗せたまま成層圏を飛行中に1954年1月と4月に相次いで原因不明の墜落事故を起こしました。コメット機を製作した英国では実際に同型の実機を大きな水槽に沈めて試験をするなど英国航空機産業の威信にかけて原因を徹底究明した結果、成層圏を飛行しない従来のプロペラ機では考えられなかった金属疲労によるものであることを突き止めました。

気圧の低い成層圏の飛行時は機内の気圧の方が機外より高くなるので、機体は内部から外部に向かって風船がふくらむような力を受けることになります。着陸すると今度は機体の内外の気圧差はなくなって元の状態に戻ります。こうして離発着を繰り返すうちに機体が金属疲労を起こしたのです。事故の原因究明により機体の金属疲労という原因が想定外から想定内となり、対策が可能となって、以後、この種の事故はなくなりました。

難病は原因が分からないから当然、有効な予防手段がありません。事故でも因果関係の未解明の現象は未然防止のしようがないのです。安全確認のための試験飛行は、想定外の不具合を見つけ出し、原因を想定内にして対策をとるためですが、コメット機の場合のように試験飛行期間中に現れない不具合は見つけようがありません。客観的想定外の事故への対応は、科学技術の進歩によって解決するしかないのです。コメット機を製作した英国デ・ハビランド社に対する墜落事故の法的責任については、事故原因の予知は不可能であったとして問われませんでした。

(4) 政策的想定外の事故

東日本大震災で福島第一原発事故が起きて原発の安全神話が崩れたといわれました。規制は科学的根拠に基づいて設定されているはずなのに、どうして事故が起きたのでしょうか。

巨大津波が福島第一原発事故発生の原因となる可能性を指摘した科学者・専門家がいなかったわけではないのですが、問題はどの程度の巨大津波発生の可能性を対策の対象として政策的に想定するかです。原発事故当時の原発のリスク管理者（事業者としての東京電力、当時の国の規制当局としての原子力安全・保安院）は、政策判断として東日本大震災で発生したような巨大津波を対策の対象として想定していませんでした。このようなリスク管理者の政策判断による想定外を筆者は政策的想定外と呼んでいます。

リスク管理者は、津波リスクの過小評価による原発事故発生は避けなければなりませんが、他方、過大評価による過剰規制も避けたいと考えます。記録に残る最大の巨大津波を対象とするか、それでも不十分か、そこまではいいのではないか、ではどの程度の津波を想定するか。どこで「線引き」するかをめぐり、原発事業者と周辺住民など利害関係者間で意見が分かれます。政策判断の問題です。最終的には規制権限を有するリスク管理者が判断しますが、ここで「線引き」する上で重要な役割を果たすのがリスク管理者の判断材料として欠かせないリスク・コミュニケーション（以下リスコミと略称する）です（第8章で説明）。

13　安全第一であるべきリスク管理者が事故責任を問われないこともある

事故は未然に防げたのではないかとして社会的に問題となるのは、政策的想定外の事故の場合が多いです。リスク管理者の責任について司法の考え方と被害者はじめ一般市民の考え方にズレの生ずることがあります。

司法は、もちろん対策は不要であったとはいいませんが、リスク管理者（事業者、行政）が法令義務のない対策を想定外としたことはやむをえなかったとして責任を問わないこともあります。一方、被害者はじめ一般市民は、リスク管理者は当然、考えられるリスクに対しては全てを想定内にしてリスク管理を徹底すべきだと考えるため、ズレが生じてきます。

(1) JR福知山線の脱線事故の場合

急カーブを制限速度以上で通過しようとして脱線し、多数の死者を出した2005年4月のJR福知山線の脱線事故では、被害者遺族は、「安全第一に考えるべき鉄道会社のトップとして自動列車停止装置（ATS）の設置の必要性は、当然、想定内のこととして認識すべきであり、想定外にしたことこそ責められるべきである」と主張しました。

しかし、検察はATSの設置は当時、法令で義務付けられていなかったので、注意義務違反（過失責任）を問うのは適当でないとして起訴を見送りました。これに対して国民目線で検察の対応の当否を審査する検察審査会（国民の中から抽選で選ばれた11人で構成）は、やはり起訴して裁判で事故責任の有無を明らかにすべきだと議決しました。そこで地方裁判所は、検察官の職務を行う弁護士を指定して，この指定弁護士が，検察官に代わって起訴して裁判が行われました。

指定弁護士は裁判で、「歴代社長は事故現場のカーブで脱線事故が起きる可能性を予見できたのに、ATSを設置するよう担当役員に指示する注意義務を怠った」と主張して、地裁、高裁そして最高裁まで争いましたが、いずれも「ATSの設置は法令による義務ではなかった、事故の予測について被告は危険性を認識していたとは認められない、つまり被告にとって想定外であった」として歴代社長の過失を認めず、２０１７年6月無罪が確定しました。

司法は、「政策的想定外」のこととして法令で義務付けていないことについては責任を問わないのです。本当に想定外にしていいのか、想定内にしなければならないのか、という政策判断をするのは国会（立法）や政府（行政）の役割であって、司法ではないと考えるからです。

なお、判決はＪＲ西日本の歴代社長が無罪であるからといって、ＡＴＳの設置は不要であったとは言っていません。ここは見落とさないようにすべきところです。実際、判決でも「組織として求められる安全対策という点から見れば、ＪＲ西日本の当時のＡＴＳの設置のあり方などは期待される水準に及ばず、問題があったと言わざるを得ない」と指摘しています。

なお、事故責任については無罪になっても犠牲者に対する補償責任は別途、話し合いや民事裁判で争うことはできます。実際、補償金は歴代社長ではなくＪＲ西日本が支払っています。

⑵　東京電力福島第一原子力発電所事故の場合

福島第一原発事故で不自由な避難生活を余儀なくされる住民にとっては突然、平穏な日常生活の場を奪った東電は許せないと思うし、国会の事故調査委員会も報告書の中で、自然災害ではなく明らかに人災であると言っています。住民は、当然、東電の旧経営陣に事故責任を問うべきだと考えます。

しかし、東京地検は、「予測を超える巨大な津波で責任は問えない、つまり法令の定めにはなかったし、想定外のことは罪に問えない」として不起訴にしました。これに対して、前項のJR福知山線の脱線事故の場合と同様に、検察審査会が起訴して責任の有無を明らかにすべきだと議決しました。起訴されたのが事故後5年の2016年2月で、まだ地方裁判所の段階ですが、2018年10月現在、判決は出ていません。

なお、避難生活をしている住民などから国や東電に対して損害賠償を求める集団訴訟が各地で提起されていて、そのうちの一つの前橋地裁の判決（2017年3月）で、「津波の到来を予見でき、事故を防ぐことができた」、として国と東電の賠償責任を認めました。しかし、事故責任を求める裁判でも同様に事故の予測について、被告は危険性を認識していたと認める判決が出るとは限りません。裁判所の判断が注目されます。

(3)　事故の原因解明と責任追及の両立は可能か

国会の証人喚問では、証人は刑事訴追を受け、または有罪判決を受けるおそれのあるときは証言を拒否できることになっているので、核心に迫る質問をしても証言を拒否されて真相解明に至らない例が多々あります。

同様な限界が、鉄道や航空機などの事故の原因解明にもあります。事故責任を問う検察とは別に、国の事故調査委員会が事故原因の解明に当たります。しかし、関係者への事情聴取は、検察が行う取り調べと内容が重なります。

事故の原因追及には関係者の証言が必須ですが、関係者が原因者とされる可能性のある場合は刑事責任を問われる恐れがあるので、自身が関与した事故原因に関する不利な証言は得にくくなります。事故原因の解明と事故責任の追及の両立は難しい課題です。

米国などのように司法取引で免責を条件に原因に関する関係者の証言を引き出すことができれば、原因の解明が進み事故防止対策の向上につなげることができます。そのかわり事故責任は不問にしていいのか、他人に責任を押し付けても罰せられないことにならないか、などの副作用が懸念されるので、日本では採用されていません。

なお、法律が改正されて２０１８年6月から談合などの企業の経済犯罪や麻薬・銃刀法違反などの組織犯罪に限って、被疑者・被告人(末端の者)に刑の減免と引き換えに共犯者など他人(幹部)の犯罪について証言を求めることが可能になりましたが、事故原因の解明を主目的としたものではありません。

14 「臭いものに蓋をする」ことがリスク管理

(1) 掘削除去は解決の先送りになる

ハイキングで毒キノコを見つけても、食べるわけではないからふつう、気に止めません。それでは身近な所で土壌汚染が見つかったら、どのような対策を考えますか。住民の関心は、不安を取り除くことにあります。その結果、不安の源である汚染土壌の掘削除去が対策の基本であると考えてしまいがちです。ところが、リスク管理では、必ずしもそのようには考えません。汚染土壌（有害物質）を体内に摂取しないようにする対策は、次のように考えます。

①　先ず、有害物質の存在を確認する。

②　有害物質が人の体内に摂取される経路がある場合は、その経路を遮断する。具体的には有害物質が地上に拡散せず地下水に流れ込まないように、また雨が降っても浸み出してこないように汚染土壌を現場の地下に封じ込める。

③　しかし②が技術的に、あるいは利害関係者の合意が難しい場合は、現場で無害化処理する。

④　しかし③が同様な理由で難しい場合は、有害物質を掘削除去して無害化施設に運び無害化する。

⑤　しかし④が同様な理由で難しい場合は、有害物質を掘削除去して人の体内への摂取経路を最終的に遮断（封じ込め）するため、知事が許可した有害物質の最終処分場に搬入する。

以上が汚染土壌（有害物質）のリスク管理の方法ですが、対策の基本は②の摂取経路を遮断することです。しかも④や⑤の有害物質を掘削除去する対策より費用が格段に安くて済みます。しかし多くの土壌汚染の現場では、掘削除去しなければ「臭いものに蓋をするだけで、根本的な対策にならない」と考えられてきました。仮に②の封じ込めが「臭いものに蓋をする」対策であるから採択できないとすれば、そもそも有害物質を最終的に封じ込める⑤の最終処分場はありえないことになってしまいます。

リスク管理の考え方からすれば、掘削除去は、有害物質を他所に移し変えることです。あたかも自分の家の前のごみを隣の家の前に掃き出すようなことなのです。しかも除去した後は、他所からきれいな土を掘り出してきて埋め戻さなくてはなりません。こうしたババ抜き手法では地域社会全体の環境保全のためにはなりません。土壌汚染対策法では、対策は盛り土、地中での封じ込めを原則とし、特別の場合に現場での無害化または掘削除去を定めています。もちろん年月の経過とともに封じ込められていた有害物質が外部に漏れ出すのを防止するため、有害物質の最終処分場のリスク管理と同様に排水口などの監視・検査など、封じ込め対策の安全の前提条件確保は欠かせません。

⑵　放射性廃棄物は封じ込めしかない

このような封じ込めを基本とするリスク管理の考え方は、福島第一原発事故で発生した放射性廃棄物の中間処理にも当てはまります。放射線は止められないので自然減衰するまで放射性廃棄物の無害化は無理です。被ばくを避けるため放射線が漏れ出てこないように放射性廃棄物を封じ込めて保管することがリスク管理となります。

もちろん、封じ込め対策をすると、その土地は封じ込めの状態を維持した状態で使用しなければならないという制約がつくことになるので、一概に封じ込め対策一辺倒で対応するわけにはいきませんが、健康リスク管理の基本は土地の地権者など利害関係者の同意を前提とした、封じ込め対策なのです。

15 リスク管理の効果は見えにくい

リスク対策（管理）にかける対策費用は安心料と引き合う額です。リスクを過剰に心配すると過剰な対応をすることになるのでその分だけ対策費が高くなります。後になって考えてみるとそこまでしなくてもよかった、と思うことがあります。対策費のムダを減らすには、リスクについて過剰反応しないことです。しかし、過小評価すれば、福島第一原発事故のようにリスクが現実のものとなったときに手痛い損害を被ることになります。

(1) コンピュータの2000年問題

２０００年を迎えるにあたりコンピュータの中には１９９９年12月31日を９９１２３１と表示しているものが多くありました。その場合、年が明けて新年になると２０００年１月１日は０００１０１と表示されることになります。そうすると１９００年なのか２０００年なのか分からなくなってしまいます。コンピュータが入力データの日付を読み間違えるなどで原発や飛行中の飛行機が大晦日を境に方向感覚を失う事態が懸念されました。そこで年の表示を下2桁ではなく4桁でデータを入力するなど何年も前からシステムの変更に取り組み、不測の事態に備えました。しかし今度は、複雑なシステムの変更で、万一、見落しがあるとシステムが暴走しかねないことになります。その見落としリスクがいわゆる2000年問題と言われるものでした。

1999年の大晦日には、世界中の重要施設では不測の事態に備えて万全の警戒態勢をしきました。結果は、いくつかの事業所などで小さな不具合が起きましたが、幸いにして2000年に突入した瞬間に原発が暴走したり、飛行中の飛行機が飛行位置を確認できなくなるような重大事態は発生しませんでした。

大したことが起きなかったので、「大山鳴動して鼠一匹」、という感じを持った人がいてもおかしくありません。実際、2000年問題に対して大騒ぎしすぎたのではないかという批判とも反省とも言える声が一部に起きました。たしかに、むやみやたらに費用をかければよいというものではありませんが、リスクの発生を未然に防ぐために、リスク管理のコストが高くなることは時には受け入れなければならないでしょう。

(2) 何も起きないことが目的

救急車が役立つのは事故が起きたときです。救急車の出番がなかったからと言って事故防止対策（リスク管理）の必要性まで否定することは間違いです。そんなことは言われるまでもなく当たり前のことに思うかもしれませんが、大きな事故が起きて初めて踏切に遮断機を設置するなど、当たり前のことが無視されている例は決して珍しいことではありません。事故は起きなくて当たり前なので、リスク管理の効果が目立つことはありませんが、そもそも何も起きないことがリスク管理の目的であることを忘れてはなりません。

事故が起きないのは、リスク管理担当者が一生懸命努力しているからです。にもかかわらず、企業などで、事故がないと閑だろうということで組織合理化の際に真っ先に防災部門がリストラ対象候補になることがあります。事故発生の場合の損害の程度を予め見積もっておかないと大変なことになる（企業にとって大損害を招く）恐れがあります。

16 予測は外れても意味がある――予測の検証がリスク管理

リスク管理で大切なのは安全の前提条件です。福島第一原発事故では想定外という言葉が使われましたが、どんな前提をおいてリスクを考えるかでリスク管理の成否はまったく変わってきます。事故が起きたということはリスク管理の前提条件が間違っていたからです。

事故は想定外でしか起きない。そして、事故防止は事故原因を想定外から想定内にすることだと前に述べました（コメット機の墜落原因、☞12項）。しかし、事故が起きてから初めて想定内のことになるというものではありません。車両の定期点検は、運転状況が予測通りの数値・状態になっているかを検証するために行います。事故に至らなくても予測が外れたら、外れた原因こそ想定外の原因です。ある意味で、想定外の原因を発見するために、予測という仕事があるとも言えます。

人はどうしても、予測通りの結果になることに注目しがちですが、外れたときこそ、その原因を究明して〝想定内の原因〟に加えていくことが重要です。ましてや予測が外れたことを隠して、そのまま葬り去り、予測しなかったことにするようでは、想定外の原因が放置されたままになるのでリスク管理は機能しなくなります。

リスコミnote④

実験の失敗をまとめたファラデーの幻の論文

リスクへの対応には失敗から学ぶ姿勢が大切ですが、失敗の知見を活かすために学術論文にするのは、昔から難しかったようです。金児紘征秋田大学名誉教授が、ロウソクの科学やファラデーの法則で有名な英国の物理学者ファラデー（1791―1867）についての評論「ファラデーの自己研鑽と研究態度」（Review of Polarography, Vol.63, No.2, (2017)）の中で、以下のような興味深い逸話を語っています。

ファラデーは、すべての科学現象は重力と関係付けられる（後の「場の理論」の萌芽）と考えて、実験を重ねましたがことごとく失敗に終わりました。1860年に彼は正直に失敗した実験結果をまとめ、学会誌 Philosophical Transactions に投稿しましたが、査読した流体力学の権威ストークスから、失敗の記録だけでは発表する価値はないと言われ、投稿を取り下げました。その後、ファラデーの「場の理論」は、マックスウエル、アインシュタインを経て結実しました。

もしファラデーの論文が受理されていたならば、その後の科学者が同じ間違いをせずに済んだので、ファラデーが追い求めた理論の結実の時期が早まったかもしれないと思うのは筆者だけでしょうか。

---

17 無病息災より一病息災が良いと言われるわけは

――注意信号の受信能力がリスク管理の基本

病気ひとつしなかった人が突然、亡くなったかと思うと、病弱だった人の方が結構、元気に長生きしていることもあります。無病息災より一病息災が良いとも言われるのは、体の状態に気をつけているからです。健康なときは、体に注意すると言っても、どこをどのように注意していいかわからないけれど、何か持病があると体の注意信号を敏感に受信するようになります。

健康に自信があると注意信号をつい見落としてしまいます。この注意信号の受信能力がリスク管理には重要なのです。

車を運転していて多かれ少なかれヒヤリ・ハットした体験があると思います。その体験を生かして二度と同じようなことが起きないように注意して運転することがリスク管理です。仕事中に体験したヒヤリ・ハット事例を職場で共有すれば、同様な事例による事故（リスク）の発生を未然に防ぐことに役立ちます。ところが、良かれと思ってヒヤリ・ハット体験を報告したら褒められるどころか、「なにボンヤリしてんだ！」と逆に怒鳴られるような会社には、事故防止は期待できません。

当たり前のことですが、リスク管理は想定できることしか予防できません。そのためには、つねにアンテナを張って想定する範囲をできるだけ広げることが大切です。

第3章　リスクへの対応はどのように判断されるか

18 リスクの許容度で優先順位を判断する

(1) リスク評価の物差しはリスクの許容度

リスクとは起きては困ることが起きる可能性のことですが、そのリスクに対してどのように対応すべきかを判断することを「リスク評価」と言います。リスクが発生した時の影響の大きさを判断することなので「リスクの影響評価」とか「リスク分析」ということもあります。

「もし、リスクが現実のものとなったら大変だから対策を立てるに決まっているではないか」と言う人がいるかもしれませんが、リスク評価はそう簡単にはいかないのです。原発を再稼働すれば原発事故のリスク（避難生活で家族が離ればなれになり日常生活が激変する、農水産物の放射能汚染や風評被害など）が重大だからと言って、誰もが原発再稼働に反対かというと、そうとも限りません。再稼働しないことに伴うリスク（電力の安定供給不安、原発関係の雇用喪失、原発からの税収不足、電力会社の経営圧迫など）の方が重大だと思う人たちもいるからです。

できればどっちのリスクもない方がいいわけです。しかし、前述したように両者は、心配なリスクを減らそうとすると副作用として別の新たなリスクが増加するリスクのトレード・オフの関係にあるので、良いとこ取りはできません。では、どのようにしてリスク評価をしているのか。評価の物差しとなるのは、リスクの許容しやすさ（許容度）です。

(2) リスク対リスクの比較――再稼働した場合のリスクvs再稼働しない場合のリスク

原発事故が起きれば放射能汚染される可能性（リスク）のある米の生産者は、原発を使用しない場合のリスクの方が許容しやすいと思うので、再稼働すべきでないと判断します。再稼働されなければ原発関係の仕事を失う可能性（リスク）のある人は、再稼働する場合のリスクの方が許容しやすいと思うので、再稼働すべきと判断します。

両者とも「再稼働した場合のリスク」と「再稼働しない場合のリスク」の許容度を比較してどちらが自分にとってより好ましいかを判断しています。日常会話的に表現すると、再稼働しない生活と再稼働する生活のどっちが自分にとってマシな生活かを比較することです。この比較を以後、「リスク対リスクの比較」と呼ぶことにします。対策の副作用の観点からみると「〈リスク対策をしないリスク〉対〈リスク対策する場合の副作用リスク〉の比較」ということになります。

したがって、「リスク対リスクの比較」を行うことは、問題となっているリスク（再稼働するリスク）と他の様ざまな（再稼働しない）リスクとを比較してリスク対応の必要性の優先順位を判断することになります。

(3) 世論調査では原発再稼働反対、でも地元は再稼働賛成となるのは？

福島第一原発事故以来、世論調査をするたびに結果は原発再稼働反対の方が多いということは、原発を使用しない場合のリスクの方が許容しやすい、と思う人の方が多いことを示しています。

それにもかかわらず、現に原発が再稼働しているのはなぜなのか。再稼働するには規制委員会の審査に合格するだけでなく原発立地自治体の首長の受け入れ表明が条件となっています。選挙で選ばれるので地元住民の意向を無視できない立場にある首長が再稼働を受け入れるということは、地元住民の過半は賛成、もしくはやむを得ないと思っていると判断しているからです。

それではなぜ世論調査と違って地元住民は再稼働に反対しないのか。それは、選挙は原発再稼働の賛否だけを問うものではないからです。地元住民は他の公約も見て、暮らしやすさを求めて投票します。「リスク対リスクの比較」をして、原発リスクよりも他の公約の実現しないリスク（一つとは限らない）の方が許容できないと判断しているからです。

２０１７年10月に行われた衆議院選挙の直前に行われた世論調査では、投票先を選ぶ際に最も重視する政策課題として6つ挙げて尋ねたところ、社会保障（29％）、経済政策（19％）、外交・安全保障（15％）、憲法改正（11％）、財政再建（10％）、原子力政策（7％）の順でした（２０１７年10月13―15日 ＮＨＫ世論調査 2017/10/16）。原子力政策の順位が低いのは他の世論調査結果でも同じ傾向を示しています。

19　リスク評価は利害関係者が主役

⑴　科学者は安全性の知見を提供、判断するのは利害関係者

原発、発ガン物質、狂牛病（ＢＳＥ）汚染牛肉、環境ホルモンなどのリスクについて市民など利害関係者の不安が高まると当然、リスク許容度はゼロないし極めて小さくなり、国に禁止など規制強化を求める声が一斉に高まります。

これに対して、前項で述べたように、規制強化するとコスト増になるなど対策の副作用リスクの方が重大だと思う利害関係者（企業経営者など）もいます。その結果、規制強化とその副作用リスクとをどこでバランスさせるかをめぐって、多くの場合、利害関係者間で意見が分かれます。リスク許容度をめぐって、市民、企業経営者など利害関係者の多数意見はどの辺にあるか、利害関係者間で意見交換して、見極める必要があります。このように、リスクがどの程度なら許容できるかという議論（リスク評価）は市民、企業経営者などの利害関係者が主役です。最終的にはリスク管理者（政策責任者）の責任でどの対策を選択するか意思決定（リスク評価）します。利害関係者間で賛否が拮抗している場合は、決断を伴うこともあります。

ところが次の例のように、世間が「安全に関することは科学者の判断に任せるべきだ」として根強く反対することがあります。

ＢＳＥ（狂牛病）汚染牛肉の問題で、２００３年に米国産牛肉の輸入禁止措置がとられました。牛丼の材料として米国産牛肉を使っていた事業者は、販売中止に追い込まれました。その後、汚染の心配がなくなったとする米国からの禁止解除の要請があり、日米首脳会談の結果、政府は米国内で流通している牛肉より厳しい安全条件付きで輸入再開を決めました。

この政府の対応についてマスコミは、安全にかかわる判断は科学者に任せるべきで、政治的に（政策責任者が）決めるべきでない、と消費者の不安の声を伝えました。

何となく雰囲気的には理解できるような気もしますが、それでは米国の科学者の判断は間違っていると日本の科学者が主張すべきだと言うことになります。そのような役割を科学者に期待するわけにいきません。

なお、仮に科学者だけで規制基準を決めたとしても、それだけでは安全は確保できません。作業ミスで基準未達成の牛肉が日本に輸出されないように万全を期すための監視体制を日米双方が整備しておかないと、安全の確保はできないからです。実は、この点が輸入再開の交渉時に主要な検討課題であったのですが、このように安全に関わる判断は、科学者だけで対応しきれない分野があることを忘れてはなりません。

科学者はリスクに関する科学的知見を提供しますが、リスク評価には関与しません。リスク評価とリスクを混同しないように注意することが肝心です。科学者がリスク評価に関与するとしても一市民の立場に過ぎません。もし、科学者が科学的に許容度を判断（リスク評価）できるのであれば、原発使用の是非については世界各国共通の判断になるはずです。しかし、現実は国によって原発に対する姿勢は異なります。民主主義の国では、規制は利害関係者間の利害（許容度）を調整するものであるからです。その調整役を科学者に求めることはできません。

このような思い違いの原因として、二つ考えられます。一つは、科学者は信頼できるが、政治家（政策責任者）は信頼できないと思っていることによるもの。もう一つは、リスクとリスク評価を混同して、リスクの因果関係に詳しい科学者がリスク評価すべきと思い違いしていることが考えられます。

⑵ 自治体のリスク対応が国を上回る場合もある——ＢＳＥ対策の事例

２００５年５月に、食品安全の科学的検討を行う食品安全委員会から、「と畜場における狂牛病（ＢＳＥ）検査対象月齢を全月齢（全頭検査）から21ヶ月齢以上に変更しても人に対するリスクは、あったとしても非常に低いレベルの増加にとどまる」との結果報告を受けて、政策責任者である農林水産大臣は法定のＢＳＥ検査対象月齢を21ヶ月齢以上に改定しました。この改定に伴い、ＢＳＥ検査のための国の補助金対象も、全頭から21ヶ月齢以上に限定されることになりました。

これに対して畜産業を抱える自治体は、検査対象外となった分の費用を国に代わり予算化して、全頭検査を実質、継続する措置をとりました。それは国の規制緩和の科学的根拠が承服できなかったからではありません。当時は、まだ消費者のＢＳＥ汚染に対する不安から牛肉離れが続いていたので、全頭検査を止めると牛肉の売れ行き不振に追い打ちをかけることになりかねないという自治体の判断があったからです。

前項で、民主主義の国では規制は利害関係者間の利害（許容度）を調整するものと、述べましたが、国が調整して規制を定めても、すべての利害関係者に受け入れられるとは限りません。本件の場合は、国による利害関係者の許容度の調整結果（ＢＳＥ検査対象の改定）に対し、自治体が再度、消費者（ＢＳＥ汚染リスク）、畜産業者（経営リスク）、自治体（畜産振興リスク）など利害関係者のリスク許容度を調整し直したものとみることができます。

この他に、もともと国の規制基準に対して自治体の実情に応じて自治体が独自に規制を強化することが認められている例もあります。

工場の煙突や排水口などから排出される有害物質は、法律で全国一律の排出基準、排水基準を定めて規制されていますが、これらの規制基準は濃度規制なので、工場が集中している地域では、各工場が規制基準を守っていても総体として環境中に排出される有害物質の量が多くなります。そのため、地域の実情に応じて法律よりも厳しい基準（上乗せ規制という）を定めることが認められています。また、法律が規制していない有害物質についても地域の実情に応じて規制（横出し規制という）することが認められています。

よく政府や企業などのリスク管理者が「さまざまな事情を考慮して総合的に判断しました」という言い方をしますが、総合的に判断するとは、問題となっているリスクとその対策を導入した場合のさまざまなリスク（副作用）とをリスク対リスクの比較の観点から比較考量して決断することなのです。

リスコミnote⑤

リスクの評価は生活環境、価値観で異なる場合がある

北極圏やアフリカの砂漠、熱帯のジャングルなどは、人の住むところではないと一般には思われるかもしれませんが、そこには先住民が住んでいます。彼らにとっては、そこは最も住み慣れた所、生存リスクの少ないところなのです。もっと気候の穏やかな地域に移り住んだらどうかといっても、おそらくその気はないはずです。われわれからみると過酷な生活条件に思われても、彼らはそこでの生活の術を知っています。むしろそこを離れたら彼らは生活できなくなります。

日本では地域振興のために工場誘致に熱心な自治体がありますが、熱帯地方では最新技術を用いた高効率の経済活動の大波が先住民の生活を飲み込み、快適な現代風の生活どころか経済格差や失業リスクのない自給自足の生活が破壊されることもあります。

何がリスクかは、世界共通の普遍的なものではなく、リスク対応は人びとの生活観、価値観にもとづく個別事情に思いをいたすことが大切です。

間違いやすいリスクの評価

	リスク評価のあり方	一般の受け止め方
安全とリスク	安全の前提条件の崩れる可能性がリスク	安全だからリスクがない
評価の視点	優先順位：どのリスク対策を優先するか	二者択一：正しいか、間違っているか
リスクへの対応	リスク管理者が決断する	客観的に正しい対応が存在する（科学者が決める）

（表は筆者作成）

20　リスクの許容度（リスク評価）と対応の選択肢

規制の程度は、問題となっているリスクに対する社会の総体としての許容度（リスク評価）を示すものと言えます。リスクに対する許容度が小さいと厳しい対応になりますが、許容度が大きければ緩い対応になります。対応の選択肢は、リスクの許容度が厳しい順に①絶対許容できないリスクに対しては禁止、②条件付き許容のリスクには規制、③避けようがなくリスクの可能性が極めて小さいので許容せざるをえないリスクには許容、で対応しています。

許容度の大小と対応の選択肢の関係を図3-1に示します。どのリスクはどの選択肢で対応するかは、銃保持に対する許容度（賛否の程度）に日米の違いがみられるように、この図のポイントは、同じ死亡リスク（確率）でもリスクに対する許容度は、個人、社会によって異なるので、リスク対応も一様でないということです。

日本における、許容度に応じた国レベルの対応例は以下の通りです。

A　絶対許容できないリスクは禁止

誰がみても明らかに危ないと思う行為で、社会的に容認できない行為は法令で禁止されています。銃砲刀剣類の所持、サリンの製造・使用等、無免許運転、飲酒運転の禁止などがその例です。

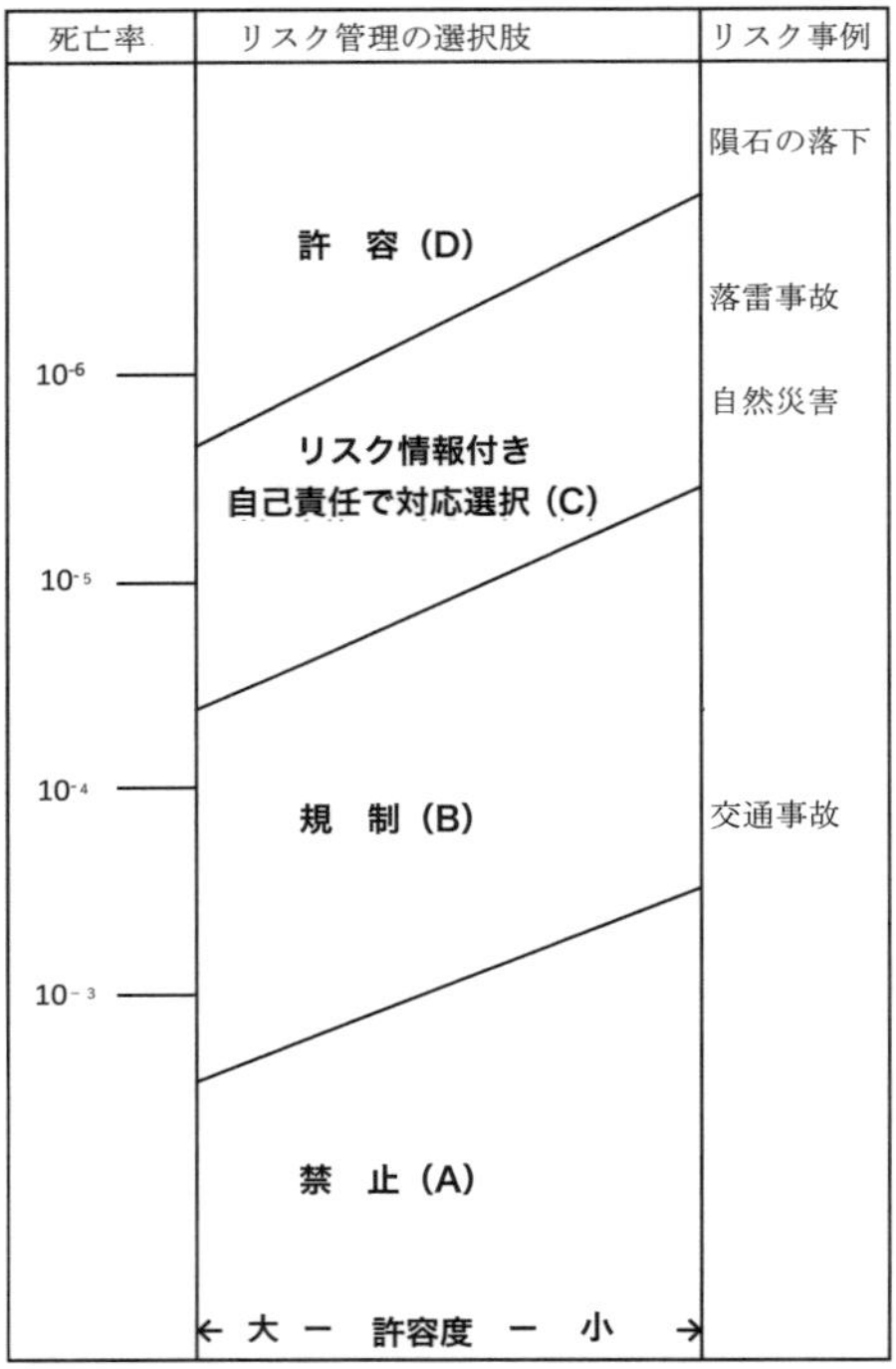

B　条件付き許容のリスクは規制

条件の厳しい順に次のように3段階の対応をしています。

ア　実質上の禁止を目指す方法

例えばPCBは、化学物質審査規制法と略称される法律によって、難分解性で高蓄積性を有し、かつ、長期毒性を有する化学物質に指定されて、製造または輸入の許可制、使用の制限、

死亡率	リスク管理の選択肢	リスク事例
		隕石の落下
	許　容（D）	落雷事故
10^{-6}		自然災害
	リスク情報付き 自己責任で対応選択（C）	
10^{-5}		
10^{-4}	規　制（B）	交通事故
10^{-3}		
	禁　止（A）	
	← 大 ー 許容度 ー 小 →	

（死亡リスクが同じでも許容度の大小によってリスクへの対応に幅がある）

図３－１　リスクの許容度と対応の選択肢（著者作成）

製品の輸入制限、回収措置命令等を課すことで、実質上の使用禁止を目指しています。ただし研究目的の使用などは適用外です。

イ　規制して安全な範囲内で許容する方法

食品添加物や農薬などのように広範に使われ、広く国民が摂取する可能性のある発ガン物質については、生涯摂取し続けた場合のガンの発生確率を10万人に1人以下に規制して（☞リスコミnote②）、実質的に安全な範囲内で許容しています。食品中の放射性物質の基準値もこの分類に入ります。

ウ　リスク情報を義務付けて、選択は集団や個人に任せる方法

タバコの箱の「タバコののみ過ぎに注意しましょう」の類の注意書きや、宅地建物取引業による重要事項説明などのように、製品やサービスにリスク情報の表示を義務付けて、タバコをのむかのまないか、物件を買うか買わないかは各人の選択に任せる方法です。

上記ア〜ウのどの方法にするかは、化学物質を例にとれば、単に科学的な有害性の大小で決まるのではなく、体内に取り込む可能性とその影響（リスク）とその物質を使用する便益（メリット）、代替品の有無や代替品に替える費用など、リスク対策がもたらす経済的影響など副作用（デメリット）について、消費者、メーカーなどの利害関係者の意見を聞いて、最終的にはリスク管理者（国、自治体などの政策責任者）が決定します。したがって、同じものでも国や地域が違えば規制の方法が違うことがあります。

製品の流通がグローバル化した現代では、トランプ大統領の通商政策にもみられるように、規制が製品の輸出入の障壁になっているとして国際問題を惹起しかねないので、規制方法を決めるのには国内事情だけでは決められないことがあります。

C　避けようがなく、可能性が極めて小さいので受け容れざるをえないリスクは許容

隕石の落下などのように可能性が極めて小さいリスクや、地球上に生存する限り避けられない自然放射線、山火事などで発生した土壌中の発ガン物質などで健康影響の極めて小さいリスクは、受け容れざるをえないリスクとして許容しています。

有害性に関する新しい知見、防止技術の進歩、需要の変化など時代の移り変わりとともに人びとのリスクに対する許容度も変化します。

タバコについては国の規制は「リスク情報の義務付け」（前述したBのウに該当）だけでしたが、世界的な禁煙強化の高まりに押される形で東京五輪・パラリンピック開催前の２０２０年４月に全面施行の受動喫煙対策の強化を目的とする改正健康増進法が今年（２０１８年）７月に成立しました。同法により学校や病院、児童福祉施設、行政機関などは敷地内を禁煙、事務所や飲食店など多くの人が集まる施設は原則として屋内禁煙（ただし飲食店のうち個人や中小企業が経営する客席面積が一定規模以下の既存店は適用除外）としました。

これに先立ち6月に東京都でも2020年4月に全面施行の受動喫煙防止条例が成立し、都内の飲食店は面積に関係なく規制の対象とするなど国よりも厳しい対策を導入しました。

他方、地域独占体制だった電力の自由化（発電、小売り、送・配電）により発電事業への新規参入、消費者が発電会社を選べるようになるなど、各種の規制緩和がなされています。

規制の強化あるいは緩和は、利害関係者によるリスク対リスクの比較の結果がリスクに対する社会の許容範囲の変化となって反映したものと言えます。

21　許容度に影響する因子

さまざまなリスクに対応の優先順位をつけるとき何を基準に考えるかと言えば、どの程度のリスクならば受け容れられるかというリスクの許容度です。リスクの許容度は利害関係者の気持ちの問題なので、科学的に客観的には決まらないものです。

平成29年版交通安全白書によると、航空機事故による年間の死者数は近年では10人以下で推移しています。他方、自動車事故による年間の死亡者数の推移は、近年の4000人台から2017年には初めて3000人台に減少しました（表3-1）。

死亡者数だけで比較すると自動車事故の方が航空機より圧倒的に多いのです。だからといって自動車の使用が禁止されていないのは、利害関係者（社会）が自動車事故のリスクを受け容れているからです。むしろ、世間はデータを見て交通事故死の状況が改善されてきていると評価すると思います。

逆に、旅客機の墜落事故が起きると、一瞬にして数十、数百人が亡くなったりするので、一面トップのニュースとして報じられ、その後しばらくの間、利用客離れが起きます。

なぜ、リスクの許容度は、死者数の大小だけでは決まらないのか。理由の一つとして考えられるのは、車が使えないと生活が成り立たないけれども、飛行機はそれほどでもないと一般的には思えるからです。許容度を利便性の観点から判断して、利便性の高いものに関するリスクに対しては、低いリスクより許容度が大きい傾向があることが知られています。

また、「大惨事の可能性」の観点から、航空機事故のように時間的・空間的に集中して発生するリスクは、自動車事故のように年間を通じて各地で分散して発生するリスクより怖いと思う（許容度が小さい）傾向が知られています。

表３－１　航空事故及び自動車事故における年間死者数の推移

	平成 24 年	平成 25 年	平成 26 年	平成 27 年	平成 28 年
航空事故死亡者数（人）	1	2	3	10	8
自動車事故死亡者数（人）	4,438	4,388	4,388	4,117	3,904

出典：「平成 29 年版交通安全白書」内閣府
（注）航空機の中には大型飛行機の他に小型飛行機、超軽量動力機、ヘリコプター、ジャイロプレーン、滑空機、飛行船も含まれる。

表３－２　許容度に影響する因子

因子	強く心配する傾向のある（受容レベルが小さくなる）リスク	あまり心配しない傾向のある（受容レベルが大きくなる）リスク
大災害の可能性	時間的・空間的に集中する死傷リスク（航空機事故）	時間的・空間的に不規則で分散した死傷リスク（自動車事故）
身近さ	なじみのないリスク（フロンガスによるオゾン層の破壊）	身近かなリスク（家庭内事故）
理解	仕組みや過程が理解できない（放射線の被ばく）	仕組みや過程が理解できる（歩行者の事故）
不確かさ	科学的に未知、不確かなリスク（ＤＮＡの組み換え実験）	科学的に知られたリスク（統計的に記録されている自動車事故）
制御可能性（個人）	制御不能（旅客として飛行機に乗る）	制御可能（車を運転する）
暴露の自発性	非自発的暴露によるリスク（表示されていない食品添加物）	自発的曝露によるリスク（喫煙、日光浴）
子供への影響	子供へのリスク有り（スクールバスの事故）	特に子供が危ないということはないリスク
影響の明瞭性	後から影響が現れるリスク	即時に影響が出るリスク
未来世代への影響	未来世代へのリスクあり（放射線被ばくによる遺伝的影響）	未来世代へのリスクなし（スキー事故）
被害者の同定可能性	被害者を特定できるリスク（海で行方不明になった漁船員、生き埋めになった炭坑夫）	統計的被害者（自動車事故の被害者のような統計的人物像）
恐れ	不安、恐怖、心配を引き起こすリスク（放射線の被ばく）	特に恐ろしくないリスク（ふつうの風邪、家庭内での事故）
関係機関への信頼性	責任ある機関に信用なしの状況（企業寄りとみなされている場合の政府規制委員会）	責任ある機関に信用ありの状況（大学への信頼など）
メディアの注目度	メディアの注目度の大きいリスク	メディアの注目が小さいリスク
事故の前例	大事故や小事故の前例がある場合（原発事故）	大小事故の前例がない場合
公平さ	リスクとベネフィットが不公平に分布しているとみなされる活動（沖合での石油探査）	リスクとベネフィットが公平に分布しているとみなされる活動（ワクチン注射）
便益（ベネフィット）の明確さ	便益が不確かだとみなされる有害な活動（原子力発電）	明確な便益があるとみなされる活動（車の運転）
可逆性	潜在的に非可逆的な悪影響のあるリスク（地球温暖化）	可逆的な悪影響のあるリスク（スポーツや家庭内事故による傷害）
個人的利害関係	自分あるいは家族を直接、リスクに曝す行為（有害廃棄物による飲料水の汚染）	そうでない行為（有害廃棄物の海上あるいは他の遠隔地での処分）
原因	人の行為が原因と考えられるリスク（産業界での事故）	自然界から発生すると考えられるリスク（地震）

出典：「大衆のリスク評価に影響する因子」『リスクアセスメント・ハンドブック』、丸善、1996 年、を基に筆者作成

このように、許容できないリスクであるとか、条件付きで許容しても良いリスクとか、許容度を判断する観点として「利便性」や「大惨事の可能性」など許容度に影響する因子が知られています。その因子は表3－2に示すように広範にわたります。中には「理解」の因子と「不確かさ」の因子のように相互に関係のある因子もあります。

原発事故リスクへの拒否反応が強いことは、放射線の被ばくリスクが、表3－2の因子のほとんど全てに関係していることからも、極めて人びとの関心が強く、かつ許容度が低くなる傾向にあるリスクであることが分かります。

22 規制は、有害性の高い順とは限らない

統計的に日本人の半分はガンにかかる可能性があります。中でもタバコの発ガン性はよく知られています。ガンの原因の35％は食べ物（食品添加物を含まず）で、30％はタバコと推測されています（図3－2）。食べ物は食べないわけにはいかないとして、これほどタバコの有害性の高いことが分かっていても、タバコの製造・販売は特定の食品添加物のようには禁止されていません。ちなみに食品添加物そのものの発ガン性は1％以下と推測されています（図3－2）。

禁煙の場所は、以前よりは増えてきています。前述したように、受動喫煙対策の強化を図るため本年（2018年）6月に東京都条例が成立し、同7月には国の法改正が行われました（☞

20項)。

喫煙愛好者、飲食店経営者、タバコ税当局、タバコの葉の栽培者などさまざまな利害関係者の間で喫煙許容度の調整の結果、日本に限らずほとんどの国でタバコは発売禁止になっていません。有害性の高いタバコでもその健康リスクを許容するのは、最近の外交用語で言えば利害関係者の〝核心的利益〟の確保を優先する必要があると判断しているからです。このように発ガンのリスクの順位が高くても、法令で禁止されていないものもあります。

逆にトルエンやキシレンのように急性毒性のランク基準を満たしていなくても規制されているものもあります。急性毒性については毒物及び劇物取締法により毒性の強

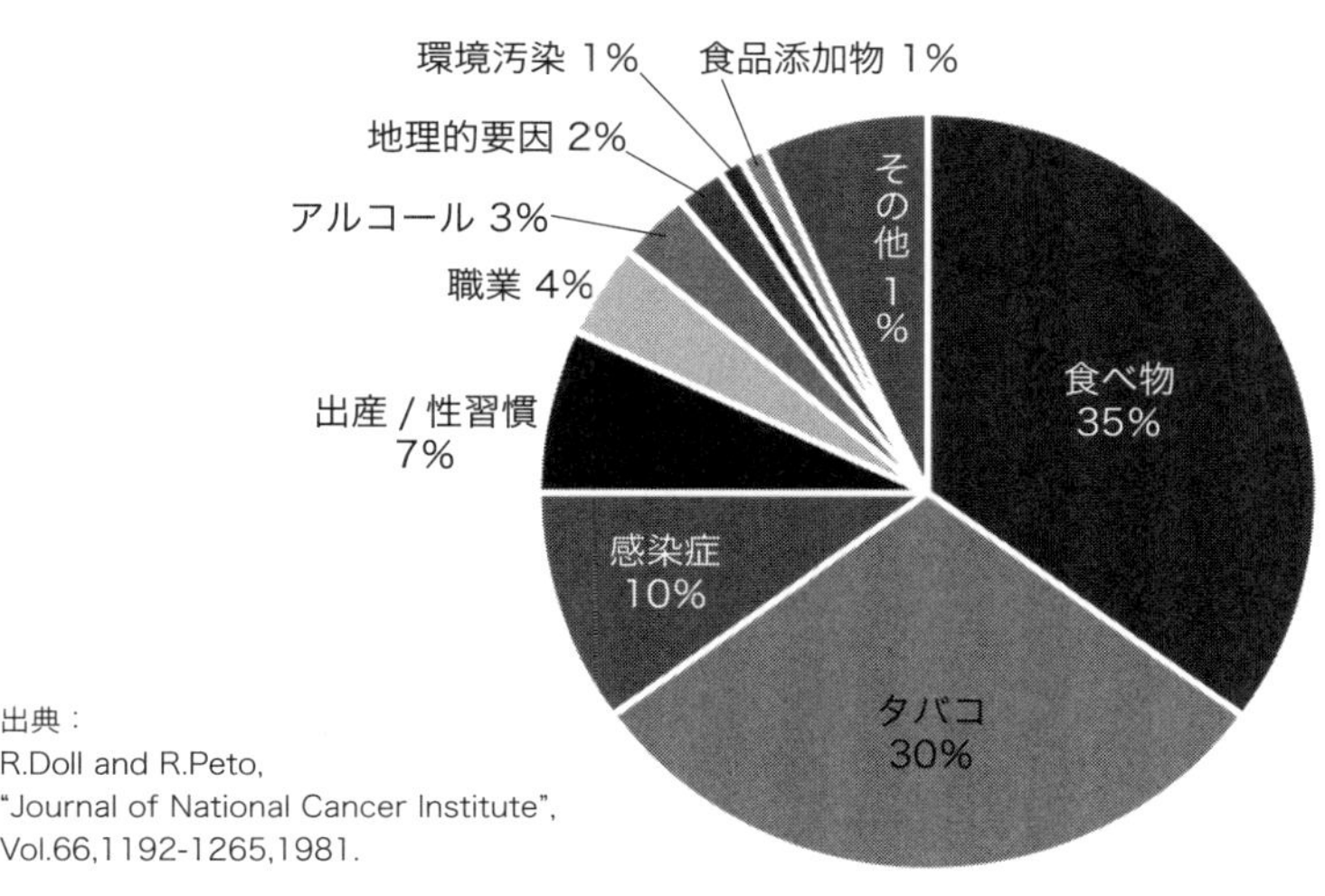

図３-２　ガンの原因別死亡割合

い順にランク分けして、特定毒物（19品目）、毒物（109品目）、劇物（370品目）に指定し、製造、輸入、販売、取扱いなどが規制されています。劇物に指定されているトルエンやキシレンは、塗料用シンナーとして広く使われていて、毒性は比較的低く劇物の基準には満たないので、当初は劇物に指定されていませんでした。しかし、青少年の心身をむしばむシンナー吸引が社会問題となったことがきっかけで、その原因物質であるトルエンやキシレンを簡単に入手できないようにするために、劇物に指定されたという経緯があります。

有害性の高い順に規制されているとは限らないのは、安全性の判断は、科学者ではなく、利害関係者の許容度にもとづいているからです。規制状況は、科学的知見にもとづくリスクの影響に対して社会のその時代における許容度を反映したものと言えます。

23 社会変化、価値観、ライフスタイルの問題

規制は、リスクの影響を減らすとか、なくすために行われます。しかし、規制の実行は口で言うほど簡単なことではありません。「規制すると副作用として新たなリスクが増加する（リスクのトレード・オフ）ので、規制されると困る」と考える人たちがいるからです。規制とその副作用とのバランスが問われることになります。

どのようにバランスをとるか、規制するにあたり、以下の事例のように利害関係者は、難しい選択を迫られることになります。

(1) 地球温暖化問題への対応

現世代のわれわれが化石燃料を大量に消費して二酸化炭素を排出し続けた結果、地球温暖化の原因を作り出しています。超大型台風など最近の異常気象は、地球温暖化の影響であると言われていますが、温暖化の影響が本格的に顕在化するのは次世代以降の将来です。各国が自国の利害にとらわれて、地球規模の対策が遅れればそのツケは人類の将来世代に回すことになります。

地球全体で二酸化炭素の排出削減や抑制をしなければなりませんが、化石燃料の消費量をこれ以上増やさないようにしようとすれば、国際競争力の確保にしのぎを削る先進各国は、経済活動への影響を極力避けたいと思います。他方、人口が増え続ける途上国はエネルギー消費を抑えるどころか、もっと使えるようになって一刻も早く困難な経済状態から早く脱出したいところです。

どのようにして世代間の利害および先進国・途上国間のバランスをとるか。温暖化対策は現在の経済的影響リスクのみならず、将来世代の温暖化リスクについても問う世代間のリスク対リスクの問題を提起しています。まさに世界観、人生観まで問いかけているのです。

⑵ 循環型社会の構築

他方、経済成長を実現した大量生産・大量消費・大量廃棄の経済社会システムの行き詰まりがもたらした廃棄物処分能力の限界や資源・エネルギーの有限性などの諸課題に取り組むため、各種リサイクル法や省エネ法の改正などが行われました。

その結果、メーカーは高性能の製品を安く大量に作るだけでなく、製品のエネルギー効率基準を満たすことや車やテレビ、洗濯機などの家電製品を引き取り、リサイクルする義務が課されることになりました。

これに対して消費者は、車は購入時にリサイクル料を支払い、テレビなどは粗大ごみとして廃棄するのではなくリサイクル料を払いメーカーに引き取ってもらい、家庭ごみの回収は有料となり、空き瓶、空き缶などの分別回収に協力することになりました。こうした諸規制は従来の企業の行動様式や消費者のライフスタイルの変更を求めるものです。

⑶ 野生動物による食害への対応

野生の猿や鹿などによる農作物や樹木の食害が発生して、多額の被害を受ける農家にとっては、猿や鹿が山から下りてくるのは困ります。他方、野生動物の生存リスクを心配する人たちは、野生動物が人里に下りて来るのは本来棲むはずの山林が荒廃して動物たちのエサとなる樹木が少なくなったためで、野生動物こそ被害者であると考えます。食害の根本的な対策は荒廃した山林の再生ですが、とりあえず食害防止ネットを張るなどして、野生生物の保護にも配慮すべしとの主張です。食害防止対策は、食害リスクと野生動物の生息リスクというリスク対リスクの問題であるとともに、もっと大きな視点から地域開発と自然保護のあり方が問われているのです。

(4) フォアグラの禁止問題

鵞鳥の虐待であるとして高級食材のフォアグラの禁止を求める動きに対する賛否などは、フォアグラ生産者や愛好者の利害と動物愛護の主張との利害対立に止まらず、伝統的な食文化の存続リスクへの対応も提起しています。

(5) 規制は価値観や人生観で決まる

リスクに対する許容度は、人が核心的利益として譲れないものの優先順位で決まる（タバコなど）と述べましたが、もちろん自己中心的に欲張りに徹することと同じではありません。前述の例が示すように、自分が最も大切に思うことは何なのかと考えることなのです。まさに自分の価値観や人生観、ライフスタイルまでを問い直すことなのです。規制への対応はその人自身が判断すべきであって、科学者・専門家に判断してもらうことではないのです。科学者・専門家の役割は、あくまでも科学的な判断材料を提供することにあります。

24 地球より重い命なのに医療関係予算もリスク対リスクの比較で決まる

人の命には値段はつけられません。それほど尊いものです。それなのに現実には、財源的制約から医療関係予算要求は査定されています。

もちろん命は売買の対象にはなりません。それなら命を守るためなら、言い方を変えれば命を失うリスクを減らすためなら、お金に糸目を付けずに支払うかというと必ずしもそういう人ばかりとは限らないのです。例えば一人住まいなので防犯システムが必要と思う人もいれば、自分のアパートなどには不要と思う人もいます。警備会社がつける防犯システムの値段が高いと思う人は警備会社と契約しませんが、安心料として納得できれば契約します。人の命には値段が付けられないけれども命を守る対策には値段が付くのです。前にリスクの重大性は、リスク対象が受ける被害の大きさの度合いであると述べました（☞8項）。それはリスクに対する出費の要否は他のリスクの出費との重要性の優先順位（リスク対リスクの比較）で決まるからです。

したがって、医療関係予算要求の査定もやむを得ないと賛成する人もいれば、反対する人がいてもおかしくないのです。どっちが正しいかの問題ではなく、問題となっている健康リスクへの対応と他のリスクへの対応とをリスク対リスクの比較をして、どっちを優先して対応すべきかの問題なのです。予算配分の優先順位は、国会や地方議会で議論し、多数決で社会としてのリスクの許容度（優先順位）が判断されているのです。

25 リスクの優先順位を見誤るな

リスク管理では、心配したらきりがないほどあるリスクの中から、許容しがたい優先順位の高いものに注力することが大切です。豊洲市場と食の安全問題は、そこに働く人の健康が守られれば食の安全は守られると述べましたが、何が最優先のリスクかを見誤るとリスク対策（リスク管理）が見当違いの方に向かってしまうので要注意です。具体例を示します。

(1) ガンの原因物質の場合

ガンの原因物質に対するリスク評価は、往々にして市民感覚が科学者・専門家の知見と異なることがあります。その道の専門家からみると、「リスクをそんなに過大に評価しなくてもいい」、あるいは「それはちょっと過小評価し過ぎ」というようなことが起きます。ありふれたものより、よく分からないものを過大評価する例として、食品添加物より普通の食品の方がはるかにガンの原因になるにもかかわらず、一般市民は食品添加物に関して過大評価する傾向があります。また前述したように、タバコは逆に過小評価されています。

ガンの原因物質というと食品添加物や環境汚染を思い浮かべる人が多いかもしれませんが、実はそうではないという根拠となる研究論文が、今から35年ほど前に発表されています。1981年に英国のドール、ピート両博士が「ガンの原因——今日の米国における回避できるガンリスクの定量的推測」と題する論文を米国の国立ガン研究所の専門誌に発表したものです。この研究では、ガンの原因物質を摂取した集団におけるガン死亡の割合と、摂取していない集団のガン死亡の割合とを比較して、ガン死亡の程度の差を比較する疫学的手法が用いられました。タバコを吸う人は吸わない人より何倍もガンになりやすい、といった記事を目にしますが、そのような調査結果と理解すればよいでしょう。

その結論として図3-2に示すように、ガンの原因の35％は食べ物で、30％はタバコであると推測しています。

1位の「食べ物」とは、食品添加物の入ったものではなく、無添加の食べ物のことです。肉や魚のお焦げの部分に発ガン物質が含まれているとか、胃ガンが減少し大腸ガンが増加傾向にあるのは、塩分の多い漬け物やみそ汁の和食から肉やフライなど食べ物の洋風化と関係がある、とか言われているように、食べ物と調理法が関係していると言われています。

問題の食品添加物は1％以下であるので、「食品添加物より食べ物に気をつけなさい」ということになります(図3-2)。「気をつける」といっても食べなければ生きていけません。「ガンを予防する食品」がいろいろ宣伝されていますが、ガン専門医はバランスのとれた食事こそ大切であると言っています。そして、禁煙の大切さを説いています。

(2) 放射線被ばく問題の優先順位

放射線による発ガンリスクを考えると、食品安全委員会が言う「生涯における追加の累積線量がおおよそ100mSvを超えないように考慮すべきである」(☞30項)とすれば、それを超える可能性の最も高い集団はどのような人たちかを考えることが大切です。

それは、食品中の放射性物質による消費者の被ばく可能性ではなく、福島の原発事故現場で廃炉に向けた終息作業を担っている人たちです。なぜなら、職業人の規制値は年間50mSvでかつ5年間で100mSvを超えてはならないことになっているからです。しかも、原発事故直後は、規制値に達してしまう人が続出して作業が続けられなくなってしまうことになりかねない事態になったので、一時期、急遽、250mSvに引き上げられたことがありました。

作業現場は、いまだに一般の人の立ち入りが禁止されている帰還困難区域内にあることだけでも要注意なのに、その中でも最も放射線量の高いメルトダウンした原発施設内だからです。そこで、毎日、働いているのです。

被ばく量が規制限度に達して仕事が続けられなくなると作業員の生活問題に直結します。それだけではなく、今は原発事故現場は小康状態に保たれているものの、専門知識と経験を有する作業員が撤収するような事態になれば、今後30~40年かかると言われる廃炉作業そのものが立ち行かなくなります。その間に放射性汚染物質が環境中に漏れ出すようなことがあれば事故の終息作業や周辺農漁業などに深刻な影響を及ぼすことになります。それは、国民全体に影響が及ぶリスクです。

一般の人より桁違いに多量の放射線を被ばくしている作業員一人一人の累積被ばく量管理と履歴管理の徹底が、被ばく問題の最優先事項です。

(3) 車の安全性の場合

メーカー側がユーザー感覚を重視すべき例として、以下のようなことがあります。車のブレーキに不具合があるとユーザーからあるメーカーに苦情が寄せられたニュースが以前ありました。これに対してメーカーが原因を調べた結果、「お客様の感覚と車の挙動がズレているのであって、欠陥ではございません」という趣旨の説明が、テレビで再三流されました。メーカーは早速、ユーザーに対して、「お客様の感覚と車の挙動のズレ」を解消するためにブレーキを制御するコンピュータ・プログラムの微調整で対応したということです。

メーカーは、原因がコンピュータの誤作動でなかったことにほっとしているようですが、安全対策上は、お客様の感覚と車の挙動がズレていたことを重大なリスク要因として重視すべきなのです。ユーザーは、ブレーキを踏んだときに従来の車と同じようにブレーキが作動しないと、ブレーキが故障したのかと思って慌ててしまいます。最悪の場合は事故につながります。

車のブレーキに不具合があると思ったユーザーの反応は正常で、「誤作動ではないから欠陥ではない」、では済まされないのです。

安全対策上は、ブレーキ・システムそのものに不具合がないことは当然としても、メーカーには、ユーザーのブレーキ操作に不安を抱かせないことが求められます。高性能を強調しても、大切なのはユーザーが高性能の技術を間違いなく使いこなせるユーザー感覚重視の技術です。

第4章　リスク管理——規制の仕組み

26　減らせるリスク原因と減らせないリスク原因

リスクは減らすべきものであるから、原因を減らすことがリスク管理であると思う人がいるかも知れませんが、問題はリスクの減らし方にあります。リスクの原因が「モノ」の場合と「状態」とでは、リスクを減らす方法が違うからです。しかもその違い故に事故原因が特定できても、必ずしも再発防止には十分でないことがあるのです。

(1)　原因が「モノ」のリスク——削減リスク

発ガンリスクのように、発ガン物質という「モノ」が原因で発ガンするという因果関係が成り立つ場合は、発ガン物質（「モノ」）の摂取量を削減すれば発ガンリスクを削減できます。この関係を示す式が、化学物質の健康リスク解説書などで目にするおなじみの次式です。

健康（発ガン）リスク＝有害性（発がん性）の程度×（発ガン物質の）摂取量

このようにリスクの原因が「モノ」（放射線や騒音のような物理量も含む）のリスクを筆者は「削減リスク」と呼んでいます。

削減リスクの場合は、リスクの原因と結果とが1対1の対応関係にあるので原因を減らせば結果（リスク）も減らせます。

⑵ 原因が「状態」のリスク――対抗リスク

同じ健康リスクでも、⑴の発ガンリスクのように削減すべき原因となる「モノ」がない場合があります。例えば、お年寄りが運動機能の低下が原因で、転んで骨折するリスクの場合は、運動機能の低下「状態」が骨折リスクの原因だからです。この場合のリスク管理としては、運動機能を回復するためにリハビリをする、歩くところをバリアフリーにする、杖を使う、歩行介助するなどして、運動機能の低下「状態」に対して、さまざまな対抗策で骨折リスクを減らさなければなりません。このように、リスクの原因が「状態」のリスクを、筆者は対抗リスクと呼んでいます。

⑶ 対抗リスクには複数の原因候補がある

運動機能の低下の「状態」になる原因として、老化の「状態」だけでなく、飲酒で酔っていた「状態」、前夜に深夜テレビを見て睡眠不足の「状態」、運動疲れの「状態」など複数の原因候補が考えられることが、対抗リスクの特徴です。したがって、対策としてリハビリなどをする以外に、さらに、飲酒はほどほどにする、十分休養をとる、休み休み歩行する、といった対抗策もリスク管理の視野に入ってきます。このようにリスクの原因が「状態」の場合は、対抗リスクとして認識することで劇的に安全性の高いリスク管理が可能となります。

(4) 事故原因の対策だけでは対抗リスクの事故は防げない

リスクの原因が「状態」の場合は、さらにその原因まで遡ってリスク管理しなければなりません。

原発のメルトダウンは想定外の津波による全電源喪失が原因であると言われていますが、事故（結果）から原因へ、またその原因へと遡ってみると、メルトダウンの直接原因は原子炉の冷却不能「状態」です。その「状態」の原因は全電源喪失「状態」で、その「状態」の原因が津波ということになります。この一連の数珠繋ぎの因果関係を図4-1に示します。

全電源喪失「状態」を引き起こす原因Aは津波だけではなく、豪雨や地震などによる電線の切断などが想定されます。全電源喪失「状態」を引き起こすすべての原因候補に対して対策をとらないと、津波以外の原因Aに対しては無防備になってしまいます。同様に、冷却不能「状態」の原因Bについても全電源喪失だけで

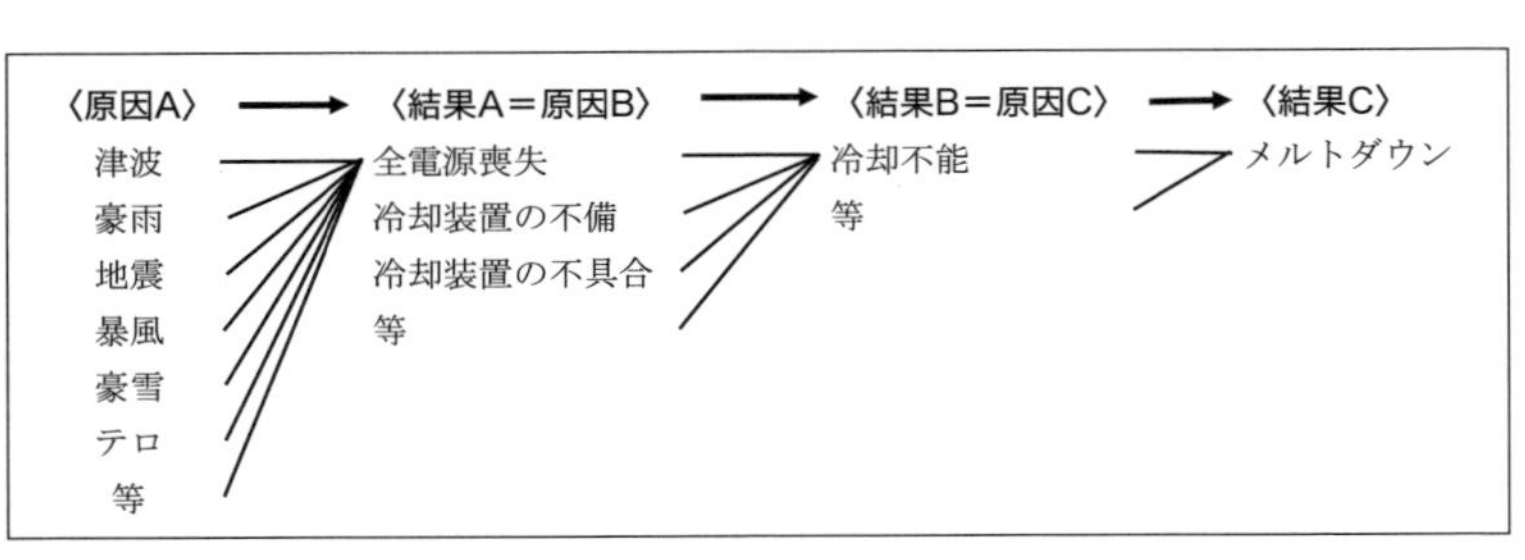

図4－1　対抗リスクにおける階層的因果関係　原発のメルトダウンのリスクの場合
（筆者作成）

なく、冷却装置の不備など冷却不能「状態」を引き起こすすべての原因候補に対して対抗策でリスク管理しなくてはなりません。メルトダウンについても同様に原因Cのすべての原因候補について対抗策を取らなければなりません。

事故の原因究明の結果として、数珠つなぎの階層的因果関係の各階層の原因（A、B、C）が特定されたとして、特定された原因だけについて対策を講じるだけでは、今後起こり得る事故は防げません。対抗リスクには、各階層における因果関係の原因（A、B、C）の全ての原因候補に対してリスク管理が欠かせません。

⑸　世の中のリスクのほとんどは対抗リスクである

食品添加物、農薬などの毒性リスクの原因は有害化学物質（モノ）が原因ですが、国の予算の半分を借金で賄っている「状態」がもたらす財政破綻（リスク）、少子高齢化の「状態」がもたらす年金破たん（リスク）、はたまた最近の北朝鮮情勢などの地政学的リスクなども含めて政策課題（リスク）には「状態」がリスクの原因になっていることが多いのです。

借金「状態」の原因は、収入不足や支出超過が原因候補ですが、収入不足だけでもその原因は多岐にわたります。増税するにも何を増税するか、消費税か、企業課税か、個人所得税か、一つの原因候補を減らしても（原因に対抗しても）借金「状態」は解決するとは限りません。政策課題のほとんどは「状態」への対抗策をどのように組み合わせて策定するかが問われているとみることができます。

また、スポーツやゲームにおける負けるリスクの原因も相手の厳しい攻撃で苦しくなった戦況という「状態」です。負けないためには苦しい戦況（状態）になった複数の原因を瞬時に分析して、いかに対抗するかが問われるのです。

こうしてみると、世の中のリスクは、ほとんど対抗リスクで対処すべきであることに気付くのです。リスクは減らすべきものとばかりに、削減リスクに対するように目立つ原因をやり玉に挙げて対策しようとしても、現実の政策課題が複数の原因候補のある対抗リスクである場合には、容易には解決しません。まず問題となっているリスクの原因が「モノ」か「状態」かを見極めることが大切です。削減リスクと対抗リスクを対比してまとめたものを表4－1に示します。

リスコミnote⑥

対応が真逆に分かれるリスク管理

表4－1　削減リスクと対抗リスク　（筆者作成）

	削減リスク	対抗リスク
リスクの例	毒性リスク	骨折リスク 原発事故リスクなど政策課題 スポーツやゲームに負けるリスク スポーツのケガのリスク 登山の遭難リスク
リスクの原因	発ガン物質など「モノ」	運動機能の低下、冷却不能、戦況の悪化、悪天候など「状態」
リスクの原因の数	一つ	複数の原因
リスクへの対策	原因の「モノ」の量を減らす	原因の「状態」に対抗する

リスクは誰でも削減すべき、回避すべき、と思っているわけですから、誰でも同じようにリスクに対応、行動すると思いませんか？　ところが、そうともかぎらないのです。

今、株を売った方が損するリスクを回避できると思うから株を売る人がいるわけですが、他方、今、買った方が、むしろ利益につながると考える人がいるから株の売買が成立するわけです。株が暴落したということは、株に値段が付いているということです。売り手（損するリスクを回避しようと思う人）もいれば、買い手（損するリスクを取って、今後の値上がり益を得ようとする人）もいるということです。誰でも損をしたくないので、株売買の参加者は、対抗リスクに対して同じ行動をとるかというと売買のときは互いに真逆の行動をします。

株式売買のように対応が真逆に分かれるのは、参加者のリスク管理の目的が①リスクを回避して安心するための場合と、②リスクを取って喜びを達成するための場合とに分かれるからです。

先人は、リスク管理の選択肢①、②について、それぞれ諺を残しています。

①君子危うきに近寄らず

②虎穴に入らずんば虎児を得ず

27 有害物質の健康影響と規制値

有害物質の規制値を超えると健康影響は大丈夫か、と心配になりますが、一口に有害物質と言っても摂取量と有害性との関係は一通りではありません。有害物質の摂取量と健康影響の現れ方に2つの型があります。

(1) 青酸カリ型毒性の場合

a 安全領域がある 例えば、青酸カリの場合は致死量以上を飲み込めば直ちに死に至ります。しかし、致死量以下であれば死ぬことはありませんが、吐き出すとか、気分が悪くなるなど体が反応します。さらに微量であれば飲んでも影響は現れません。このように影響の現れない領域、つまり安全領域のある有害物質を分かりやすく青酸カリ型と名付けることにします（図4-2）。健康影響のある領域とない領域の境目の値を閾値（「いき値」または「しきい値」）と呼んでいます。

b 安全係数 動物実験の結果、何ら毒性影響が認められなかった量の最大値をその動物の無毒性量といいます。得られた無毒性量の実験値について、実験動物と人との影響の受けやすさの差や、大人や子供、妊婦などの人の個人差を考慮して、安全をみて安全係数（100倍程度）で割った値を、ヒトの基準値として採用しています。青酸カリ型の場合は、基準値以下であれば安全である、ということになります（図4-2）。

この安全係数は科学的に計算されたものではなく、経験的に用いられている係数なのです。したがって、有害物質によっては安全係数を必ずしも100にしなくても良いものです。実際、世界保健機関（WHO）と国際連合食糧農業機関（FAO）の合同専門家会議の国際基準では物質によっては50を使っている場合もあります。もし、その物質が100で割っても影響が出れば当然、見直されるべき係数ですが、少なくとも、これまでのところ100で割れば安全であるという経験にもとづく係数です。

C　規制値は安全領域内の警告線　規制値は、

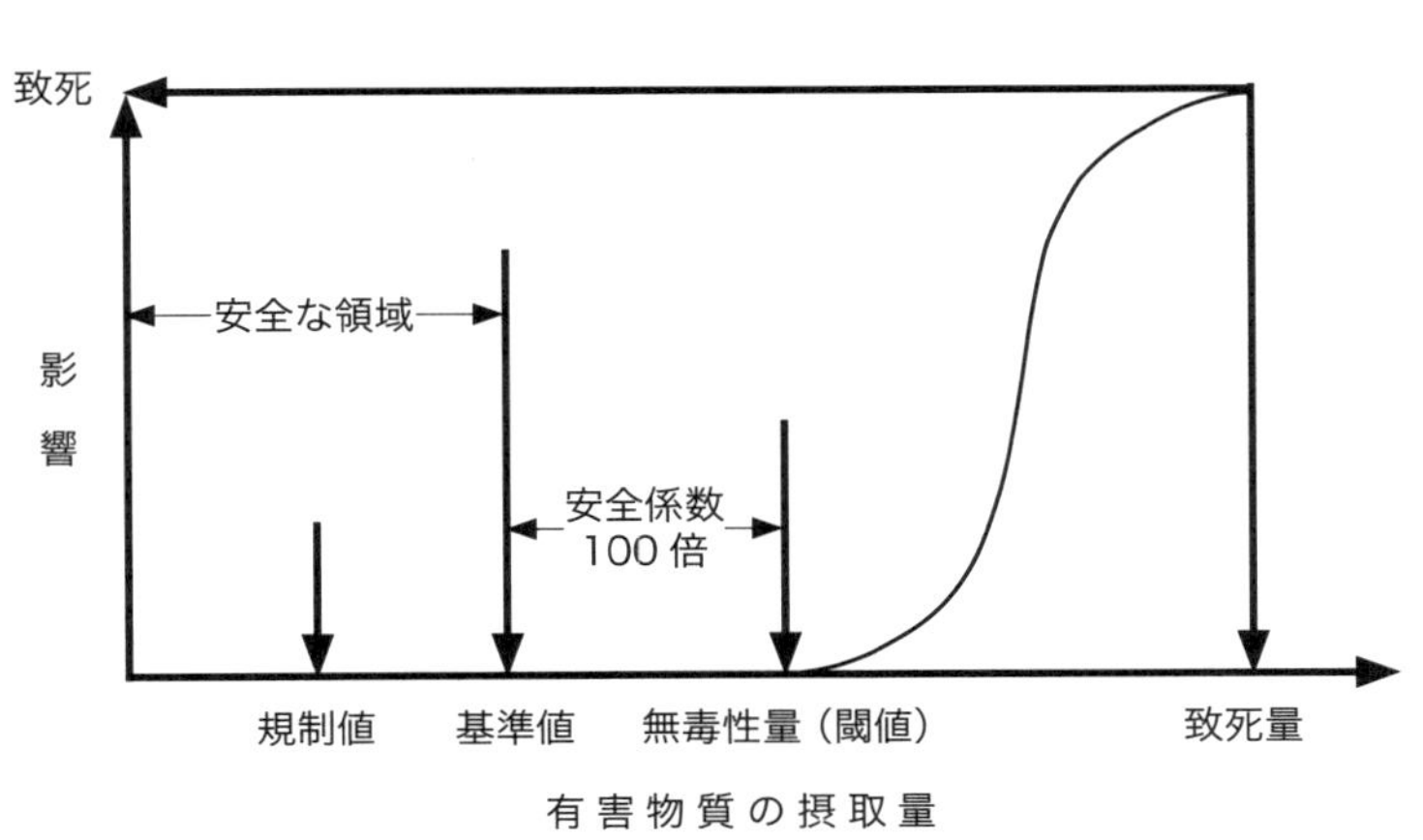

図4-2　青酸カリの毒性　（筆者作成）

この基準値よりさらに低い値に、つまり安全側に設定されています（図4-2）。したがって、規制値を超えても直ちに毒性影響が現れるということにはならないのです。毒性が現れる前に基準値という防波堤があるからです。この防波堤を超えると無毒性量に近づきますが、この防波堤は無毒性量を100倍程度の安全係数で割ったものなので、余裕のある防波堤です。

規制値と基準値、無毒性量の関係は以下の通りです。

規制値 ＜ 基準値（無毒性量÷安全係数）＜ 無毒性量（閾値）＜ 健康影響の現れる量

規制値は、安全領域内に引かれた警告線です。基準値を飛び出さないように警告するのが規制値です。規制値は法令で定められているので、影響が現れなくても規制値を超えれば法令違反になります。

規制値は有害と無害の境界を示すものではありませ

挿画：川津春菜

ん。この関係を池の柵に例えれば、池に子供が落ちないように池の縁から5mを立ち入り禁止区域にして柵を設置した場合、池の縁が無毒性量、柵が規制値に相当します（この場合は池の縁〈無毒性量〉は目で見れば明白なので安全係数を考える必要はありません）。柵を1m越えて中に入っても即危険にはなりません。まだ池まで4mも余裕があるからです。でも柵を越えた子供を見つけたら連れ戻さなければいけません。柵（規制値）の位置を用水池の縁（無毒性量）から何mにするかは、専門家や子供を持つ親など利害関係者の意見を聞いて最終的には池のリスク管理者の責任で決めるものです。

d　急性毒性と慢性毒性

毒性には、毒性の現れる時期によって急性毒性と慢性毒性の2種類の毒性があるので、それぞれの毒性ごとに無毒性量、基準値、規制値が定められています。

食中毒と言われるものが急性中毒で、急性中毒の基準値を超えて、さらに急性中毒の無毒性量より多く摂取すれば短時間に毒性症状が現れます。急性毒性の基準値を急性参照用量（ARfD）と呼んでいます。これは、ヒトがある物質を経口摂取した場合に24時間またはそれより短時間で健康に悪影響を示さないと推定される一日当たりの摂取量のことです。

慢性中毒の場合は、毎日、一生摂取し続けても健康に悪影響が生じないと考えられる基準値（一日摂取許容量＝ADI）を超えて日常的に長期間摂取し、慢性影響の無毒性量を超えると慢性影響が現れます。一日摂取許容量（ADI）は、ヒトがある物質を毎日一生涯にわたって摂取し続けても、現在の科学的知見からみて健康への悪影響がないと推定される一日当たりの摂取量のことです。

慢性影響の基準値を超えた食品などは見つかり次第回収されるので、一生涯、基準値を超えたものを食べ続けるようなことは一般的には考えにくいですが、汚染された地下水を長期間、知らずに飲用していた場合などでは、毎日、基準値（ＡＤＩ）を超える量を摂取していたかがポイントになります。万一、超えている場合は、安全係数付きといえども無毒性量を超えて影響が現れる領域に入っている可能性も否定できないので、健康調査などを実施することになります。

⑵ 発ガン物質型毒性の場合

ａ 発ガン確率ゼロの領域がない

発ガン物質の場合は、発ガン物質が一定量以下なら発ガンしない、ということにはなりません。発ガンの確率が小さくなるだけで、発ガンする確率はゼロにはならないからです（図４-２）。つまり、発ガン物質には安全と危険の境界線がないのです。青酸カリ型と違って、安全領域（無毒性量）のない毒性を、ここでは分かりやすく発ガン物質型と呼ぶことにします。

発ガン物質型の場合は、規制値以下でも発ガンの確率はゼロにはなりません。規制値と発ガン確率の関係は以下のようになります。

規制値より厳しければ発ガン率が低くなる ∧ 規制値 ∧ 規制値より緩ければ発ガン率が高くなる

発ガンの確率がゼロでない限り安全とは言えないと考えれば、規制値に合格していても安全でないということになります。したがって、発ガン物質型の規制値は前に述べた池の柵の例えは当てはまりません。

この関係を、災害時の避難場所となる体育館のような広い場所に持ち込まれたストーブで暖を取るときの暖房効果（発ガンリスク）に例えれば、ストーブで暖を取るときの暖房効果が発ガンリスクに相当します。余りストーブに近づきすぎると暖をとるどころか逆に我慢できないほど暑く感じますので、快適な温度に感ずる距離だけ離れて暖をとります。この適当な距離が発ガン物質の規制値に相当します。暖房効果は、ストーブから離れるほど低くなり、余り離れるとほとんど暖房効果を感じません。

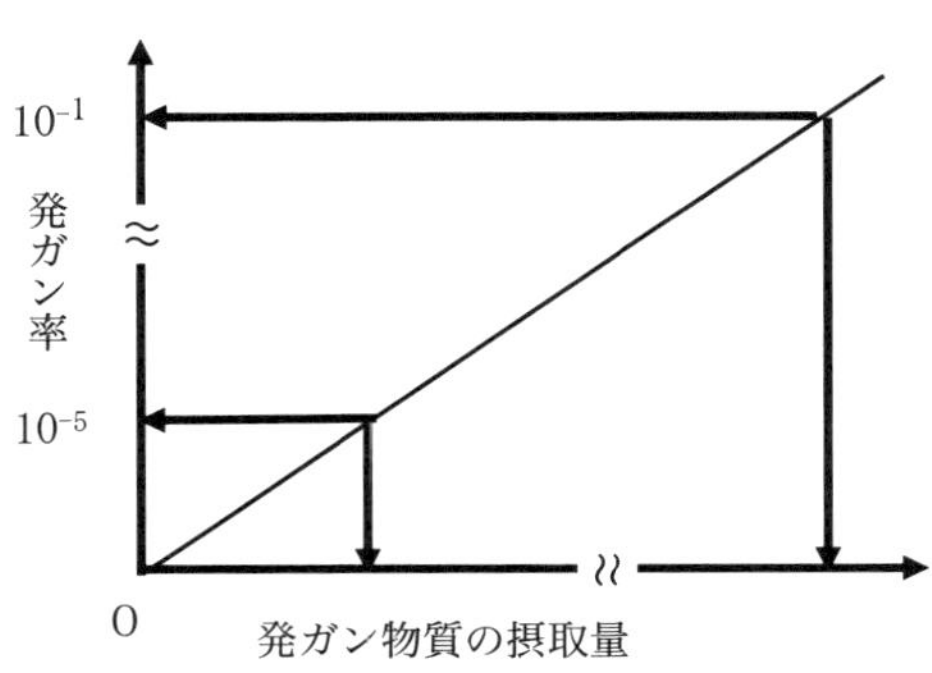

図４－３　発ガン物質型の毒性　（筆者作成）

発ガンリスクは、ストーブの暖房効果のように、ストーブ（発ガン物質）を使用するかぎり暖房効果（発ガンリスク）はゼロにはできないのです。

b　規制値は政策的に決める

発ガン物質には発ガン確率ゼロの領域がないので、発ガン物質の使用を禁止しない限り発ガン物質による発ガンをゼロにできません。発ガン物質を使用するとすれば、どの程度の発ガン確率なら許容できるかという政策的な問題になります。日本では、生涯発ガン確率を10万分の1に、すなわち、２０１１年生まれの赤ちゃん１０６万人の場合、このうち10・6人が、一生のうちに一つの発ガン物質が原因で発ガンする程度に規制しています（☞リスコミｎｏｔｅ②）。

しかし、この程度の規制では甘いので、１００万分の1に厳しくすべしという意見が多ければ１００万分の1で規制することになります。そうなると生涯発ガン率10万分の1の規制のときに使えた化学物質が使えなくなるので、その代わりのものを探さなければならなくなります。現在使用中の化学物質は規制値を満たすもので、かつ一番安いものが使われているので、代わりのものを使うとなると値段が上がることになります。それでも多くの人が賛同すれば規制強化することができます。その判断をするのがリスク管理者である政策責任者（厚生労働大臣）です。消費者や生産者など利害関係者の声と他の政策リスクを比較衡量して最終的に政策決定します。

C　規制値の算出に伴う不確実性

政策責任者が決定する規制値は、次に示すように三つの過程を経て算出されます。

発ガン物質の規制値は、科学者が計算すれば必ず一つの正解が得られるとふつうは思いがちですが、実は青酸カリ型毒性の場合の安全係数よりも大きく変動する不確実性の要因がありま す。だからと言って規制値はいい加減なものだと思い違いしないでください。理解してもらいたいことは、(発ガン物質だけに限りませんが) 規制値は科学的に真の値であるよりも、同じ算出法(物差し)を用いることの方が大切である、ということです。不確実性の要因を知ることは、規制値を超えた場合、それが誤差範囲のことかどうかを判断するのに役立ちます。以下、どんな要因に不確実性が潜んでいるか、見ていくことにします。

①　動物実験の制約からくる不確実性

動物実験では10万匹に1匹だけ発ガンするような実験のために、10万匹ものネズミを飼うわけにはいきません。物理的にも費用の面でも飼育数に限界があります。また1匹だけ発ガンしたら、たまたま感受性の強いネズミかもしれないので、統計的に意味のある数だけネズミを発ガンさせるには、発ガン率が10分の1程度になるように実際にはありえないほどの大量の発ガン物質をネズミに摂取させて実験することになります。実験結果で得られるのは、発ガン率1/10における実験動物の単位体重当たりの発ガン物質の量です。発ガン率10万分の1の規制量は、このような制約された実験値をもとに理論で推定するしか方法はありません。

②　動物実験の結果をヒトに換算する不確実性

動物実験の餌に含まれる発ガン物質の量は一定量に調整してあるのに対して、ヒトが日常摂取する発ガン物質の量は食品の種類によって異なるし、産地によっても異なります。また、肉好きの人、魚嫌いの人、野菜嫌いな人などがいるように発ガン物質の摂取量にも個人差というバラツキ（幅）の不確実性があります。また、一升酒を飲める人もいれば奈良漬けでも酔ってしまう人がいるように、感受性にも個人差という幅の不確実性があります。さらに、動物実験で発ガンしたからと言ってヒトも同じ程度に発ガンするかどうかは、確かめようのないところに、実験値の不確実性があります。

このような不確実性がいくつもあるので、ネズミ全体の10分の1が発ガンしたときの発ガン物質の実験値をそのまま使うわけにはいきません。そこで、ここでも前の青酸カリ型毒性で述べた安全係数で割って、１００倍程度厳しくした数値を採用しています。

③　動物実験の結果をもとに発ガン確率10万分の1に対応する量を求める推定式の不確実性

飼育数が膨大になるので動物実験ができない生涯発ガン率が10万分の1に対応する極微量の発ガン物質の量については、前項の動物実験の結果から得られた発ガン率が10分の1のときの量（T）をもとに、推定式を使って理論的に求めます

推定式の数は、理論の数だけあります。採用する推定式によって発ガン率10万分の1のときの発ガン物質の量に数百倍の違い（幅）が出てきます。発ガン率が１００万分の1になるとそ

の幅はさらに数千倍になり、幅は発ガン率が小さくなるほど大きくなります（図4-4）。

その結果、厳しい推定式を採用した規制値（A）を100倍超えても、緩い推定式を採用した規制値（B）に対してならば余裕をもって合格してしまうことになります。推定式の違いによる規制値の差（不確実性の幅）は、前項で述べた安全係数（100倍程度）よりはるかに大きいのです。規制値を算定するときの最大の不確実性です。

発ガン率が10万分の1のときの発ガン物質の摂取量の真の値を求めようとすれば、どの推定式が正しいかの検証をしなければならなりませんが、実験で確かめることができないから推定式で計算しているわけで、真の値は求めようがないのです。

しかし発ガン物質同士間の相対的な発ガン性の大小関係であれば、冒頭で述べたように同じ推定式を使う限り比較できることになります。真の値が求め

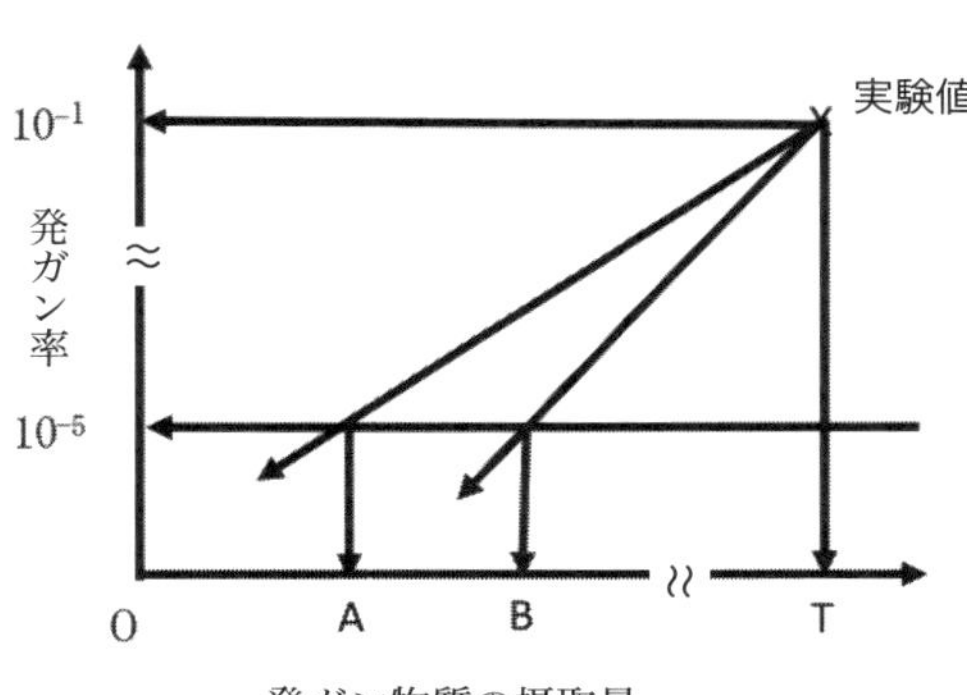

図4-4　発ガン物質の規制値　推定式による違い（筆者作成）

られなくても、リスクの大小の順序を知ることは、リスクを少なくするリスク管理の上で大変重要な情報になります。

このように、規制値の設定プロセスの各段階で幅を持った値をもとに規制値が算出されるので、本来、規制値には楽観シナリオの値とか悲観シナリオの値とか、数値に幅があるのです。しかし、それでは基準を守るのにどの数値を使うかで混乱が起きるので、幅のある数値の安全側（厳しい推定式）で規制値を設定しているのです。

d　米国の発ガン物質禁止法（デラニー条項）が廃止に至る経緯

発ガン物質の規制値は生涯発ガン確率を10万分の1に決めている、と述べましたが、可能ならリスクはゼロにしたいところです。実際に米国で一時、法律でゼロ・リスク規制を定めたことがあります。今は廃止されていますが、かつて米国の連邦食品・医薬品・化粧品規制法に発ガン性のある化学物質を食品に使用してはならないとする条項がありました。法案提出議員の名前を取ってデラニー条項と呼ばれ、制定されたのは半世紀以上も前の１９５８年のことです。

当時は工場から環境中に排出される化学物質や食品添加物などに含まれている発ガン物質が関心を集めていました。デラニー条項制定後、使用中の食品添加物に発ガン性のあることが次々と明らかになり、だんだん使える添加物が少なくなってきました。同時に、測定機器の進歩で今まで検出限界以下で発ガン性がないと思われていたものにも極微量でも発ガン物質が見つかるようになってきました。

他方、その間に、発ガン物質の摂取量をいくら減らしてもゼロにしない限り発ガン確率はゼロにできないことが分かってきました。そうなると本当に発ガンの確率はゼロでなくてはいけないのか、というデラニー条項への疑問が投げかけられるようになりました。

デラニー条項の行き詰まりというか、ゼロ・リスクの方針の転換を余儀なくされたのは、発ガン物質が食品添加物だけではなく、毎日、食べている野菜や果物などの食品にもごく微量ながら含まれていることが分かってきたためです。自然界でも山火事や焼き畑、焚き火など有機物が焼けるときに発ガン物質が生成します。したがって、発ガン物質は土壌中にも存在しており、その結果、ごく微量ながら農産物にも含まれているのです。また、肉や魚などを調理で焼くと、(もちろん心配無用ですが)山火事とおなじように発ガン物質がごく微量ながら生成します。

ここで、もし食品そのものにもデラニー条項を適用すると、野菜や果物などの食品、焼き物料理は食べられなくなってしまいます。発ガンを防止するどころか、その前に栄養失調で死んでしまいます。食品添加物だけに対して発ガン物質をゼロにする理由がなくなり、1996年にデラニー条項は廃止されました。制定から廃止まで38年間、米国でゼロ・リスク規制の是非について国民的論争が続いたことになります。その後は、発ガン物質の規制は、利便性との兼ね合いで、社会の許容度に応じて行われるようになりました。

28 放射線の健康影響と規制値

福島第一原発事故が起きるまでは、放射線の健康影響についてはほとんど関心が払われてきませんでした。放射線被ばくの機会はX線撮影などの医療行為以外ほとんどなかったからです。福島第一原発事故をきっかけとして、被ばく量がどれくらいまでなら安全といえるのか、ということが国民的関心となりました。

(1) 内部被ばくと外部被ばく

原爆被ばくの場合やX線撮影の場合などのように体の外部からの放射線に被ばくすることを外部被ばくといいます。一方、放射性物質を含む食品の摂取による被ばくは、体の中に入った放射性物質からの被ばくなので内部被ばくといいます。放射線の健康影響の大きさは、どれだけ放射線に被ばくするかで決まるので、外部被ばくの場合も内部被ばくの場合も、共通のシーベルト（Sv）という被ばく線量（実効線量＊）の単位が用いられています。ミリシーベルト（mSv）とは、その1000分の一の単位です。

＊実効線量：放射線による全身の健康への影響を表す被ばく線量

(2) 放射線による健康影響のメカニズム

食品安全委員会の「放射性物質を含む食品による健康影響に関するQ＆A」（以下、「食品安全委員会Q＆A」と言う）によると、概略以下のように考えられています（図4－5）。

①　放射線により細胞内のDNAの一部に傷ができる。

②　ほとんどの細胞は修復され元に戻る。

③　中には修復されない細胞がある。

④　修復されない場合、ほとんどは細胞死して健康な細胞に入れ替わる。ただし、細胞死が非常に多い場合、健康な細胞に入れ替わらない。この場合の影響を確定的影響と呼んでいる。

⑤　修復されない細胞のうち、ごくまれに突然変異を起こす。これが普通の細胞に起こるとガンになり、生殖細胞に起こると遺伝的影響として現れる。これらの影響を確率的影響と

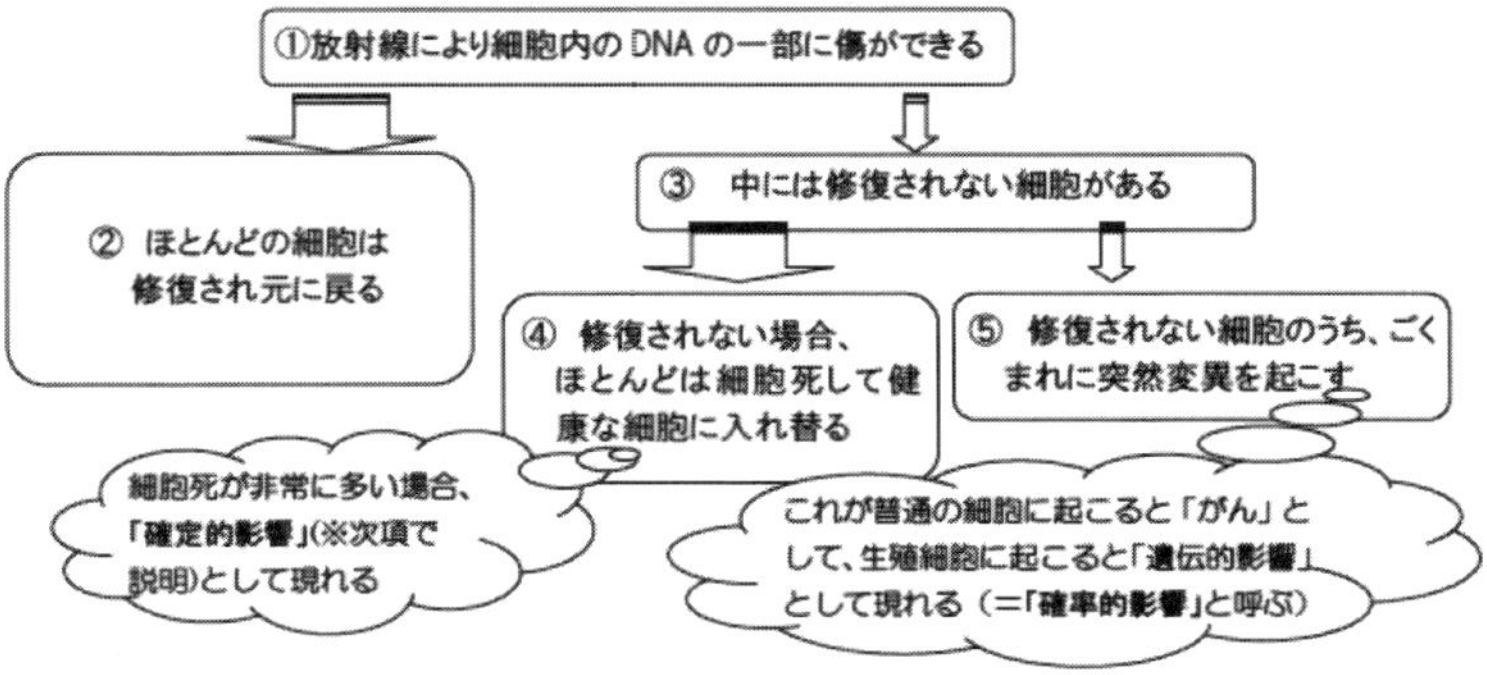

（出典「放射性物質を含む食品による健康影響に関するQ＆A」食品安全委員会）
http://www.fsc.go.jp/sonota/emerg/radio_hyoka_qa.pdf

図４－５　放射線の健康影響

呼んでいる。

放射線の健康影響には、上記④のケース（ただし細胞死が非常に多い場合のみ）の確定的影響と上記⑤のケースの確率的影響とがあります。

a　確定的影響　福島第一原発事故でメルトダウンした原子炉には放射線が高くて人が近づけない状況が続いています。場所によっては30分も作業をすると致死量に達するほどの高線量と言われています。このように一定の線量を超える高い線量を被ばくした場合に現れる急性の健康影響を確定的影響と言います。

一定の線量とは閾値（「いきち」または「しきいち」）と呼ばれるもので、有害物質の青酸カリ型の毒性のところで説明した無毒性量に相当する量です。例えば、永久不妊などが知られていて、その閾値は男性で３５００ｍSv、女性で２５００ｍSvのように高い線量です。有害物質の青酸カリ型毒性の急性毒性に相当します。

b　確率的影響　比較的低い線量を受けた場合で被ばくから数年以上経た後に確率的に現れる晩発性影響を確率的影響と言います。

避難区域や後で触れる食品中の放射性物質の場合は、低線量なので、確率的影響が問題となります。確率的影響は、被ばく線量がどんなに低くなっても、健康影響の現れる確率が低くなるだけで、ゼロにはならないという発ガン物質型の健康影響です。

具体的には、「ガン」と「遺伝的影響」がこれに該当します。ちなみに「福島第一原発事故で被ばくによる死者は出ていない」と言う人がいますが、原発事故による一般人の被ばく線量は低いので、健康影響があるとすれば晩発性が考えられるので、事故発生時に被ばくで死者が出ていないのは当たり前なのです。厚生労働省発表によると、福島第一原発事故対応に従事してその後、ガンを発症して労災認定された人の数は２０１７年12月13日現在、４人です。将来にわたり、原発事故対応に従事して被ばくした従事者の健康状態の経過観察が大切です。

確率的影響のうち遺伝的影響については、「食品安全委員会Q＆A」では、相当高い放射線量を受けた人びとが含まれる日本の原爆被ばく者の調査においても、他の調査においても、両親のどちらかが妊娠前に放射線を受けた場合に、その後に授かった子どもに現れる奇形やガン等の影響は見られていない、と言っています＊。

このことから、確率的影響としては、発ガンが中心的課題となります。したがって後述する食品中の放射性物質の規制は、発ガン対策を目的としたものになります。規制値を決めるときは、どこまで発ガンの確率を低くすればよいのか、発ガン物質の規制と同様に考えることになります。

＊国際放射線防護委員会（ＩＣＲＰ）「妊娠と医療放射線」(Publication 84)

リスコミnote⑦

物理的半減期と生物学的半減期

　放射能が半分になる期間を半減期といいますが、セシウム134で2・1年、セシウム137だと30年、ヨウ素131は8日間です。これらは物理的半減期といい、放射性物質ごとに決まっています。こういう放射性物質を体内に取り込んだらどうなるか。セシウム137だったら被ばく量が半分になるのに30年間かかるのかというと、そうではないのです。生物学的半減期というのがあって、体内に取り込まれた放射性物質の量が便とか尿とともに排泄されて減っていくからです。減っていく度合は、放射性物質により異なりますが、放射性セシウムの場合で乳児などは9日間で半減すると言われています（表4-2）。50歳位になると90日と長くなります。

表4－2　物理的半減期と生物学的半減期

	物理的半減期	生物学的半減期	
セシウム 134	2.1 年	～1 歳	9 日
セシウム 137	30 年	～9 歳	38 日
ヨウ素 131	8 日	～30 歳	70 日
		～50 歳	90 日

出典　食品安全委員会資料　平成 24 年 1 月

リスコミnote⑧

食品中の放射性物質による生涯にわたる内部被ばく量

今日食べた食品中のセシウム137は、生物学的半減期にしたがって、年月の経過とともに体外に排泄されて減っていきます。同時に体に残っているセシウム137は物理学的半減期（30年）にしたがって放射線量が減っていきます。その間、内部被ばくを受け続けることになりますが、大人の場合は50年間、子供の場合は70歳までを想定してその間の内部被ばく量を積算したものを預託線量（単位はシーベルト）と言い、これを食品の摂取時に食品中の放射性物質による生涯にわたる内部被ばく量を評価する尺度にしています（図4-6）。

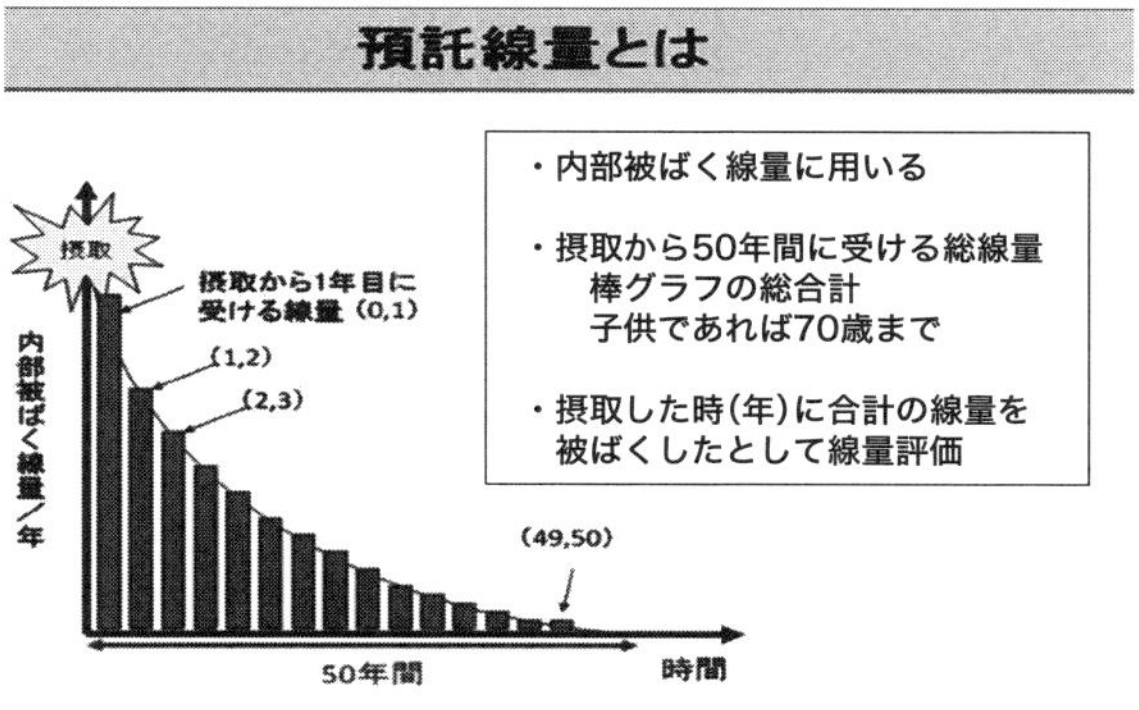

預託線量とは
・内部被ばく線量に用いる
・摂取から50年間に受ける総線量
棒グラフの総合計
子供であれば70歳まで
・摂取した時(年)に合計の線量を
被ばくしたとして線量評価
摂取
摂取から1年目に
受ける線量（0,1）
(1,2)
(2,3)
(49,50)
内部被ばく線量／年
50年間
時間

出典：「放射線の基礎知識　―健康影響を中心に―」放射線医学綜合研究所　平成23年10月　をもとに筆者作成

図4－6　預託線量とは

⑶　ＩＣＲＰの放射線防護の３原則

福島第一原発事故発生以来、放射線の諸規制が設定されるたびに政府機関や研究機関はＨＰなどで解説していますが、その際、科学的根拠として必ず引用されるのが、世界各国で準用されている国際放射線防護委員会（ＩＣＲＰ）の放射線防護の３原則とそれにもとづく勧告値です。

ＩＣＲＰは、日本も参加している放射線防護の仕組みを専門家の立場で勧告する国際学術組織です。食品の規制値や原発周辺地域の居住制限などは、もとを辿ればこの３原則と勧告値を基にして国が決めたものです。

どんなに少ない被ばく量でも被ばくするかぎり、影響リスクをゼロにできないという条件のもとで、被ばくすることによるリスクと被ばくしないことによるリスクとをリスク対リスクの比較をして被ばく量を最小にする考え方を示したものが、ＩＣＲＰの放射線防護の３原則です。概要を以下に示します。

①正当化の原則　放射線被ばくを伴ういかなる行為も、被ばくのマイナスを補って余りあるプラスをもたらすものでなければならない、とする原則です。無意味なメリットのない被ばくはしない、という考え方です。

例えばＸ線撮影で被ばくするリスクよりＸ線撮影しないために重篤な病気を見逃すリスクの方が大きいときのみ、Ｘ線撮影で被ばくすることが許容されます。職業人（Ｘ線技師など）の場合は、生計のため、社会のため、生き甲斐のためというメリットの方が大きいと考えられるときは、一定程度の被ばくが許容されるという考え方です。

②防護の最適化の原則　被ばく線量の制限を社会的・経済的要因を考慮に入れながら合理的に、達成可能な限り低くすること（ＡＬＡＲＡ原則：As Low As Reasonably Achievable）を原則とする考え方です。

③線量限度の適用の原則　平常時のみに適用される原則で、高い放射線量を受けた後、短期間で発症する不妊等の確定的影響について確実に防止するとともに、低い放射線量でも数年以上のちに発症することがあるガン等の確率的影響については、許容可能な被ばく量の上限値を超えないという原則です。

この3原則を個々のケースにどのように適用するかは、各国の判断に任されています。ということは、利害関係者の意見を参考にして最終的にはリスク管理者である政策責任者が判断する、ということです。

このような考え方は、発ガン物質の規制値と同じですが、そもそも歴史的には低線量放射線の規制の方が先輩で、発ガンリスクの規制の考え方の元祖です。

(4) 状況別・対象者別に設定される規制値

上記の3原則にもとづき、ＩＣＲＰ勧告値は、被ばくの状況別、対象者別に定められています。規制値と言わずに勧告値と言っているのは、規制値は、ＩＣＲＰ勧告値を参考にして各国の規制当局が独自に設定すべきとされているからです。

被ばくの状況別とは、勧告値を適用する時期別に定められている、以下の３つの状況です。

(i) 平常時（計画被ばく状況）

(ii) 事故や核テロ発生などの緊急時（緊急時被ばく状況）

(iii) 事故後の復旧期（現存被ばく状況）

また、勧告値を適用する対象者についても、以下の３区分ごとに定めています。

(ｱ) 公衆被ばくする一般公衆

(ｲ) 職業被ばくする職業人

(ｳ) 医療被ばくする患者、介助者、介護者及び生物医学研究の志願者

対象者が「ア」の一般公衆の場合の被ばくの状況別（ⅰ、ⅱ、ⅲ）のＩＣＲＰ勧告値（放射線の目安）を図４－７に示します。

ａ　平常時における一般公衆に対する勧告値　この値は１ｍSv／年以下ですが、この中には、もともと自然界にある放射線（宇宙線や大地、食品など）から受ける放射線量（日本では約１・５ｍSv／年、図４－８）や医療による被ばく量（例えばＣＴスキャン：６・９ｍSv／回、胃のＸ線集団検診：０・

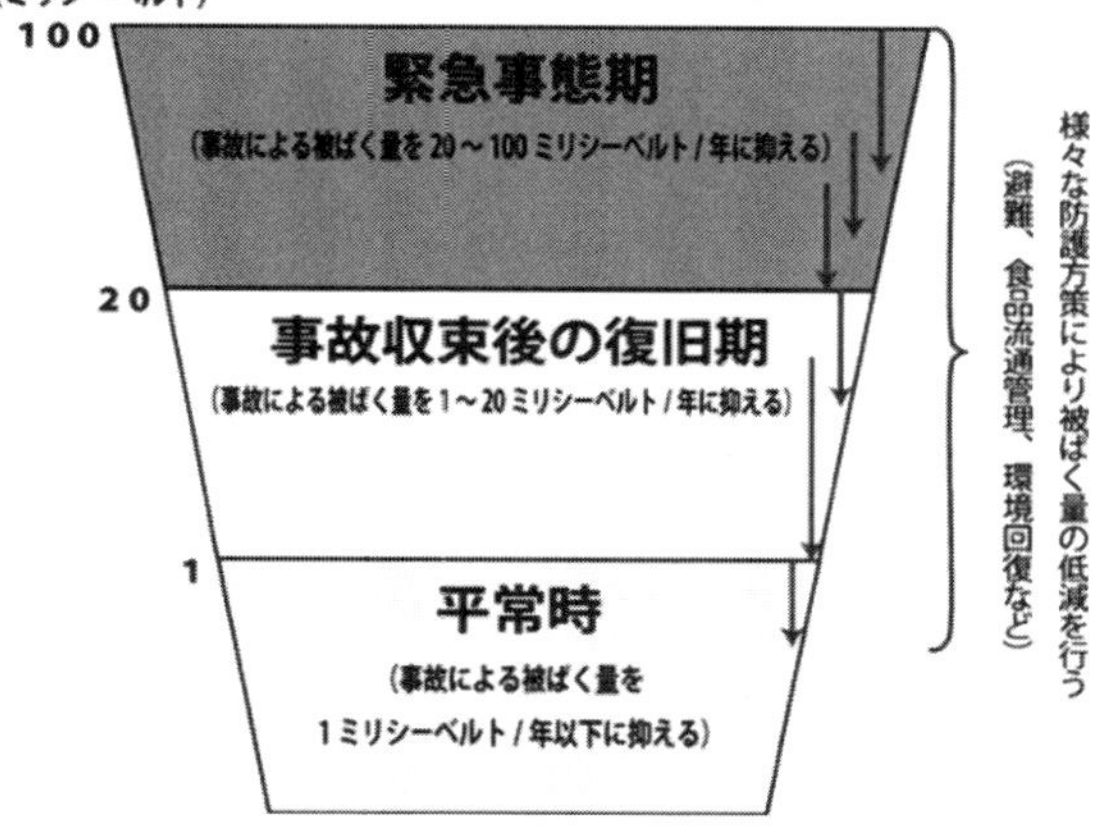

出典：放射線医学総合研究所 HP「放射線被ばくに関する基礎知識　第 6 報」
http://www.nirs.go.jp/information/info.php?i14

図 4 - 7　ICRP（放射線防護委員会）による放射線の目安

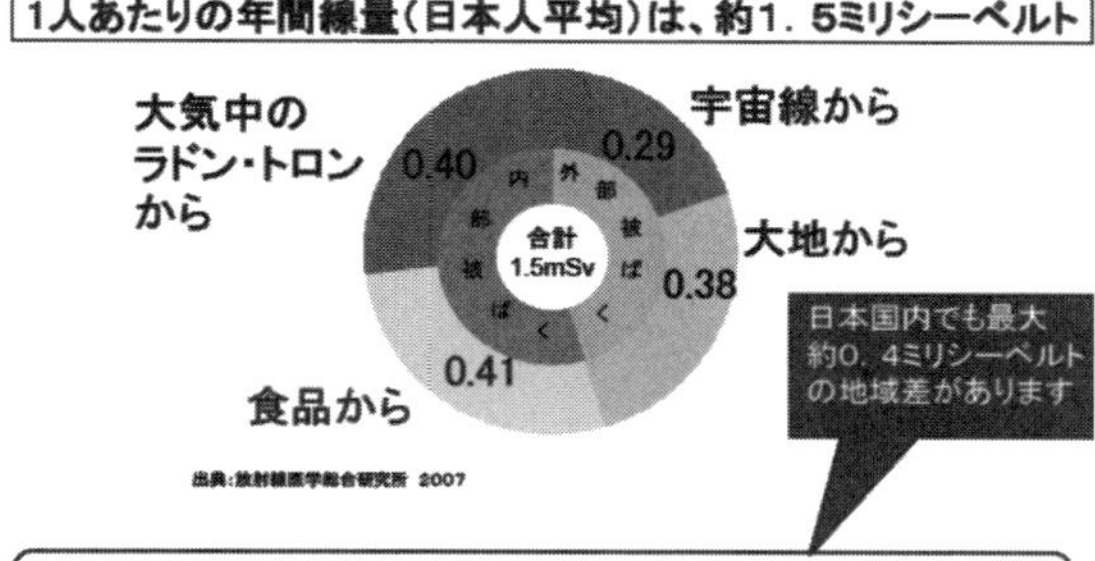

出典：放射線医学総合研究所 HP「放射線被ばくに関する基礎知識　第 6 報」
http://www.nirs.go.jp/information/info.php?i14

図 4 - 8　自然放射線からの被ばく量

6mSv/回)、航空機で成層圏を飛行することによる被ばく量(例えば東京―ニューヨーク往復、0.2mSv/回)などの放射線量は含まれていません(表4-3)。それでは1mSv/年がどういう値かと言えば、稼働中の原発施設など管理されている人工の放射線源から確実に被ばくすると予想される計画被ばく線量の合計が、年間1mSv/以下という意味です。

b　平常時における職業人に対する規制　これに対して原発の定期検査などに従事する作業員や飛行機のパイロットなどのような職業人の場合は、一般公衆の50倍の50mSv/年、5年間で100mSvです。

このことからも規制値は健康影響の危険と安全の境界を示すものでないことが分かります。ICRP勧告値と日本の規制値を表4-4に示します。

c　緊急時における一般公衆に対する規制値　原発事故発生時などの緊急時に対してもICRP勧告値があります。参考レベルと呼ばれるもので、これを超えると、何らかの放射線防護対策を実行すべき目安となる線量レベルです。

勧告値は、20〜100mSv/年で、原発周辺住民の緊急避難や食品中の放射性物質の規制などの放射線防護対策を決定する際に、さまざまな被ばく要因による被ばく総量の目安となるものです。

表４-３　日常生活と放射線

放射線の量	相当する例（目安）
250 mSv/ 年	引き上げ後の上限
100 mSv/ 年	緊急作業従事の場合に認められている上限
50m Sv/ 年	放射線業務従事者及び防災に係わる警察・消防従事者に認められている上限
10 mSv/ 年	ブラジル・ガラパリの放射線（年間、大地などから）
6.9 mSv/ 回	胸部Ｘ線コンピュータ断層撮影検査（CT スキャン）（１回）
2.4 mSv/ 年	１人当たりの自然放射線（年間）（世界平均） 宇宙から 0.39 mSv、食物から 0.29 mSv、大地から 0.48 mSv、空気中のラドンから 1.26 mSv
１mSv/	一般公衆の線量限度（年間）（自然放射線、医療は除く）
0.6 mSv/ 回	胃のＸ線集団検診（１回）
0.4 mSv/ 年	国内放射線の差（年間）（県別平均値の差の最大）
0.2 mSv/ 往復	東京 - ニューヨーク航空機飛行（往復）（高度による宇宙線の増加）
0.05 mSv/ 回	胸のＸ線集団検診（１回）
0.05 mSv/ 年	原子力発電所（軽水炉）周辺の線量目標値（年間） （実績ではこの目標値を大幅に下回っています）
0.02 mSv/ 年	再処理工場からの放射性物質の放出による評価値（年間）
0.01 mSv/ 年	クリアランスレベル＊導出の線量目安値（年間）

＊原子力施設において用いた資材等に含まれる放射性物質の濃度が人の健康への影響を無視できる濃度レベルのことである（筆者注）。

出典：文部科学省原子力災害対策支援本部資料に基づき筆者作成

表４-４　平常時における勧告値（線量限度）と日本の規制値

対象	被ばく線量限度	
	ＩＣＲＰの線量限度	日本の規制値
一般公衆	１mSv/ 年	
職業人	50mSv/ 年、 20 mSv/ 年（定められた５年間の平均）	50mSv/ 年かつ 100mSv/5 年
職業人（女性）*		5mSv/ ３月
職業人（妊婦）**	１mSv/ 妊娠期間	１mSv/ 妊娠期間

＊妊娠する可能性のない女性をのぞく　＊＊妊娠したことを申し出た妊婦
出典：職業人（日本の規制値）は、電離放射線障害防止規則の放射線業務従事者の被ばく限度

d　緊急時における職業人に対する規制値　一般公衆より高く設定されています。

・救命活動の場合：無制限
・他の緊急救助活動：１０００または５００ｍSv／年
・他の救助活動：１００ｍSv／年以下

(5)　基準値はＴＰＯ（時・場所・場合）で変わる

平常時における一般公衆に対する国際放射線防護委員会（ＩＣＲＰ）の勧告値は、１ｍSv／年。一方、原発の定期検査などに従事する作業員などのような職業人の場合は、一般公衆の50倍の50ｍSv／年、５年間で１００ｍSvです。緊急時の場合は、さらに高く設定されています（救命活動の場合：無制限、他の緊急救助活動：１０００または５００ｍSv／年、他の救助活動：１００ｍSv／年以下）。

福島第一原発事故直後の事故処理作業の従事者に適用された緊急時の規制値は当初、１００ｍSvでしたが、規制値に達してしまう人が続出して作業が続けられなくなる事態になりそうだったので、一時期、急きょ、２５０ｍSvに引き上げられたことがありました。

以上のように、放射線の規制値は無益な被ばくをしないように、被ばくするリスクと被ばくしないことによるリスクを比較して決められるので、リスクに対する許容度はＴＰＯで変わります。したがって規制値もＴＰＯで変わります。放射線の規制値も有害物質の規制値（☞27項）

と同様に健康影響の危険と安全の境界を示すものでないことが分かります。

29 食品中の放射性物質規制値の改定はなぜ思い違いされたか

食品中の放射性物質の規制は、2011年3月11日の福島第一原発事故の前はありませんでした。規制を要するような大規模な放射性物質による食品汚染がなかったからです。ところが原発事故で原子炉内の放射性物質が外部に大量に放出拡散したというニュースが伝わると、水道水の放射能汚染を心配した市民はペットボトルの飲料水を買い求めてコンビニに殺到し、あっという間に店頭から飲料水がなくなる事態が起きました。そうした状況の中で国（厚生労働省）は放射性物質に汚染された食品が市場に流通しないよう出荷制限をするため、急きょ3月17日に緊急時の対応として暫定規制値を設定しました。それでも、野菜や魚を一つひとつ放射能検査するわけではないので、規制されていると言っても消費者の心配はなかなか払拭できないものがありました。

こうした中、事故後1年余り経った2012年4月1日に、事故後の緊急的な対応としての暫定規制値は、長期的な観点にもとづく新たな基準値に改定（規制値から基準値に呼称も変更）され、食品群別に暫定規制値の1／5～1／20に強化されました。

規制が強化されたので、消費者は前より安心して食品を買えるようになったと言って歓迎したかというと、そうはならなかったのです。この改定をめぐり「これまでの規制値は健康を守るためであったはずなのに、それを変更するとは何のための規制値だったのか。これまでの規制値では、安全は守れないということか。一体何が本当なのか」という規制値に対する不信感が、一般消費者、農水産物生産者や小売業者などのみならず、説明役になるはずの自治体の担当者の間でさえも、一挙に噴き出したのです。

新基準値を設定した厚生労働省は改定理由についてリーフレット『食品中の放射性物質の新たな基準値』（表4－5）で、次のように説明しています。

《A：暫定規制値を下回っている食品は、健康への影響はないと一般的に評価され、安全性は確保されています。

表４－５　食品中の放射性物質の新たな基準値

食品中の放射性物質の新たな基準値

東京電力福島第一原子力発電所の事故後、厚生労働省では、食品中の放射性物質の暫定規制値を設定し、原子力災害対策本部の決定に基づき、暫定規制値を超える食品が市場に流通しないよう出荷制限などの措置をとってきました。暫定規制値を下回っている食品は、健康への影響はないと一般的に評価され、安全性は確保されています。しかし、より一層、食品の安全と安心を確保するために、事故後の緊急的な対応としてではなく、長期的な観点から新たな基準値を設定しました（平成24年4月1日から施行）。

新たな基準値の概要

放射性物質を含む食品からの被ばく線量の上限を、年間５ミリシーベルトから年間１ミリシーベルトに引き下げ、これをもとに放射性セシウムの基準値を設定しました。

放射性セシウムの暫定規制値　（単位：ベクレル/kg）

食品群	野菜類	穀類	肉・卵・魚・その他	牛乳・乳製品	飲料水
規制値	500			200	200

※放射性ストロンチウムを含めて規制値を設定

放射性セシウムの新基準値　（単位：ベクレル/kg）

食品群	一般食品	乳児用食品	牛乳	飲料水
基準値	100	50	50	1０

※放射性ストロンチウム、プルトニウムなどを含めて基準値を設定

シーベルト：放射線による人体への影響の大きさを表す単位　　ベクレル：放射性物質が放射線を出す能力の強さを表す単位

出典：厚生労働省医薬食品局食品安全部
http://www.mhlw.go.jp/shinsai_jouhou/dl/leaflet_120329.pdf

Ｂ：しかし、より一層、食品の安全と安心を確保するために、事故後の緊急的な対応としてではなく、長期的な観点から新たな基準値を設定しました（平成24年4月1日から施行）。

Ｃ：放射性物質を含む食品からの被ばく線量の上限を、年間5ミリシーベルトから年間1ミリシーベルトに引き下げ、これをもとに放射性セシウムの基準値を設定しました。》（傍線は原文。記号Ａ、Ｂ、Ｃは筆者）

人びとが規制値に不信感を持った理由としては、Ａで暫定規制値により「安全性は確保されています」と言っておきながら、なぜＢの前半で新基準値により「しかし、より一層、食品の安全と安心を確保するために」となるのか、暫定基準は甘い基準だったということではないか、という点です。さらに暫定基準の改定理由として、Ｂの後半で「事故後の緊急的な対応としてではなく、長期的な観点から新たな基準値を設定しました」という説明に対して、安全性を基準に考えたら「暫定規制値」も「新基準値」も同じ「値」になるはずではないか、という理由です。つまり、「事故後の緊急的な対応」の暫定規制値と「長期的な観点から」定めた新基準値との関係についての理解が得られなかったことが、混乱の原因だったのです。

このように時期によって規制値を変える根拠は、前述のＩＲＰＣの勧告にあります。放射線防護体系の3原則に基づき規制値を被ばく状況別に定めているからです。

無益な被ばくをしないとする放射線防護の3原則に従って、食べて被ばくするリスク（発ガンリスク）と食べないことによる栄養不足リスクを比較して、福島第一原発事故後1年の短期間に限り、緊急時対応として食べないことによるリスクを重視して緩い基準値を設定したのが暫定基準値です。そして、原発事故後1年経ったところで被ばく状況の変化に対応して、生涯にわたる食品摂取からの被ばく総量抑制に重点をおいた基準値に改定したのが、新たな基準値です。新しい基準値が厳しくなったのは、緊急時対応の暫定基準値は短期間の被ばくを前提にしているのに対して、長期間の被ばくを前提にしているからです。

一般に、食品の規制値と言えば食品添加物の規制については聞いたことがあっても、緊急時の暫定規制値などはこれまでなかったので、Bの、「事故後の緊急的な対応としてではなく、長期的な観点から新たな基準値を設定しました」の意味が理解不能であっても無理もありません。

一般的な傾向として規制値を超えると健康影響があると思ってしまいがちです。しかし、放射線の健康影響と規制値（☞28項）で述べたように、食品中の放射性物質の健康影響は、低線量なので被ばくから数年以上経た後に確率的に現れる晩発性影響の発ガンです。

食品の放射性物質の規制は、発ガン物質の規制のように、生涯にわたり、毎日被ばくしても累積被ばく線量が一定線量以下になるように、食品以外からの被ばく線量も考慮して、食品からの累積被ばく線量に上限を設けて規制するという考え方にもとづいています。

表4－5には説明がありませんが、Cの、「放射性物質を含む食品からの被ばく線量の上限を、年間5ミリシーベルトから年間1ミリシーベルトに引き下げ」ることは、生涯の累積被ばく線量を上限以下にするための具体策だったのです。

それでは、生涯の累積被ばく線量の上限は、どのようにして決めたのか、気になりますが、それについては次項30で触れることにします。ここでは、5～20倍も緩い暫定規制値の食品を1年食べても、生涯の累積被ばく線量が上限を超えることのないように新基準値が決められていることを理解してもらうのが目的です。

規制値の数値の大小だけに注目して、生涯の累積被ばく線量の考え方を抜きにして健康リスクを議論すると、食品中の放射性物質の暫定規制値は、緊急時の経済的利益を優先して健康リスクを後回しにして決められたのではないか、と放射線の規制値に対する不信感を生む原因になります。

リスコミnote⑨

「直ちには影響はない」。では将来、影響が出るの？

検査漏れで基準値以上の放射性物質に汚染された牛肉やお茶が市場に出回って、消費されてしまったということがありました。消費者の心配に対して専門家は「基準値を超えても直ちには健康に影響はない」とコメントしました。

これに対して消費者からは「直ちには影響がなくても、将来、影響が出てくるのではないか」と新たな心配が持ち上がりました。

専門家は、毎日、食べ続ければ問題ですが、たまたま1回食べた程度の量なら基準値を超えていたからといって総量が限度を超えるわけではないので健康影響が出るものではない、とコメントしたつもりなのです。

専門家の「直ちに」という言葉が、専門家が想定していない意味に受け取られて、消費者が混乱することがあります。

リスコミnote⑩

シーベルトとベクレル

放射線の健康影響は、シーベルト(Sv)という被ばく線量の単位で示されるのに、なぜ食品の規制値の単位はベクレル(Bq)なのか。

電気ストーブに例えると、熱源の強さ(ワット数)に相当する放射能の強さを示す単位がベクレルで、シーベルトはストーブから受ける熱(熱量)に相当する放射線の被ばく線量（実効線量）を示す単位です。

食品中の放射性物質の場合は、体の中に入ってきた放射性物質による臓器の被ばく量が問題になります。被ばく量（シーベルト）を規制するために、食品中の放射能（放射線を出す能力）の量（ベクレル）を規制しなければならないので、食品中の放射性物質の規制値はベクレルで表示されています。

ベクレルからシーベルトへの換算には、専門用語で実効線量係数という換算係数を使います。この係数はセシウム134や137など放射性物質ごとに固有の値が定まっています。

30 食品中の放射性物質の規制値と発ガンリスク

新基準値を設定した結果、どの程度「より一層、食品の安全と安心を確保」できることになったのか、肝心の発ガンリスクの程度についての記述はありません。何故か。結論から先に言うと、科学的に具体的な数値で示せないからです。

そうは言っても、どの程度か目安なりとも知りたいところです。その点についても、結論から先に言うと、被ばく者が発ガンしても放射線が原因の可能性が高いのか、それとも被ばくしていない人でも発ガンするように、他の原因で発ガンした可能性が高いのか、識別できない程度に被ばく量を規制しているからです。

どうしてそういうことになるのか。ガンは長い年数をかけて現れる病気なので、被ばく者を長い年月にわたり追跡調査する必要があります。しかし、放射線の影響によりガンになった場合と、放射線以外のさまざまな原因（☞25項）でガンになった場合とで症状に違いがあるわけではないので、個々のガン患者について放射線によるガンかどうかの診断はできません。

このため、放射線の影響による発ガンリスクは、主に、放射線を被ばくした人びとの「集団」（例：原爆被ばく者）と、被ばくしていない「集団」のガン発症の割合の違いを統計的に比較すること（疫学調査）によって研究が進められてきました。低線量と呼ばれるおおむね100〜200mSvより下の放射線による発ガンリスクは大きいものではないので、この研究方法によって、放射線以外のさまざまな原因による発ガンとは区別して、低線量の放射線による発ガンを統計的に有意に検出するためには、非常に多人数の調査対象者が必要です。「低線量」と言っても、福島第一原発事故によって想定されるような、一般人の被ばく量よりもはるかに高い線量ですが、一般に、これ以下の放射線量による健康影響は、統計的に有意に検出することが困難なので「低線量」と呼ばれています。

どれくらいの人数を調査対象としなければならないかと言えば、例えば国際放射線防護委員会（ICRP）は、一定の仮定のもとに、被ばく量が100mSvの場合は約6400人の被ばく者が必要と試算しています。さらに、10mSv、1mSvの場合となると、必要となる被ばく者数は62万人、6180万人というように飛躍的に増加します（参考文献：放射線医学総合研究所『低線量放射線と健康影響』医療科学社）。

これだけ多人数の被ばく者を集めた疫学調査の例はありません。100mSv程度の発ガン影響について、この条件を満たしている調査として調査対象者数約12万人の広島・長崎の原爆被ばく者の追跡調査があります。

放射線被ばく量と発ガンリスクの関係については、食品安全委員会によると概略、次のようになります＊。

＊「放射性物質を含む食品による健康影響に関するQ＆A」(https://www.fsc.go.jp/sonota/emerg/radio_hyoka_qa.pdf)

《緊急時・平常時を通じた生涯における追加の累積の実効線量として、おおよそ100mSv以上で放射線による健康影響の可能性がある、と判断した。ただし、この累積線量には自然放射線（日本平均約1・5mSv/年）や、医療被ばくなど通常の一般生活において受ける放射線量は含まれない。「おおよそ100mSv」という値は、安全と危険の境界（閾値）ではなく、健康影響が必ず生じるという数値でもない。

具体的には、インドの高線量地域の住民において、累積500mSvに相当する慢性的被ばくがあるにもかかわらず発ガンリスクの増加が見られなかったとする信頼できる文献があったものの、健康影響が出る可能性のある指標のうち最も厳しいものを重視するという食品分野のリスク分析の考え方に基づき、広島・長崎の被ばくデータ（0～100mSvでは確認できない有意な発ガン影響が、0～125mSvで確認されること）を重視して、健康影響が見いだされる値をおおよそ100mSvと判断したものである。

また、国際放射線防護委員会（ICRP）等においては、原爆のような瞬間的な被爆をした場合に比較して、今回の福島第一原発事故に伴うような慢性的・低線量の被ばくをした場合には影響が小さいとする、いわゆる「線量率効果」を採用しているが、今回の評価においては、「線量率効果」に関してはさまざまな知見が存在しており、科学的知見の確実性を重視するという食品分野のリスク分析の考え方に基づき、この点を考慮せずに判断した。

100mSv未満の健康影響については、相対的に影響が小さいことから、放射線以外のさまざまな要因（タバコや食生活等）と区別が難しい等の理由により、現在の科学では、影響があるともないとも言えないと判断した。

したがって、生涯における追加の累積線量「おおよそ100mSv」は、食品についてリスク管理機関（この場合は厚生労働省、筆者注）が適切な管理を行うために考慮すべき値である。》

以上が食品安全委員会の見解です。

この見解にもとづき、厚生労働省は食品の適切なリスク管理を行うために、新基準値では年間の被ばく量が１ｍSv以下になるように設定したと説明していますが（表４-５）、新基準値を守れば、食品安全委員会が示した生涯における追加の累積線量（おおよそ１００ｍSv）を超えることはないという説明も必要です。

リスコミnote⑪

線量率効果

「線量率効果」とは、短期間に大量に被ばくする場合より、同じ線量を長期間にわたり被ばくする場合の方が、影響が小さくなる現象を言います。例えば、飲み慣れない若者がお酒を「一気飲み」すれば急性アルコール中毒になりますが、同じ量でも時間をかけて「チビチビ飲み」すれば影響が少ないのと同じ理屈です。

31 食品中の放射性物質の規制の効果は？
——風評被害の解決のために

福島第一原発事故が起きた年（２０１１年３月）の12月22日に厚生労働省が、流通食品由来の被ばく線量の推計を公表しています。調査時期は２０１１年９月と11月で、この時期に流通している食品の規制値は新基準値より４倍～20倍緩い暫定基準値が適用されていましたが、食品中の放射性セシウムによる年間の被ばく線量は、東京で０・００３ｍSv、宮城と福島で０・０２ｍSv程度と推計しています（表４－６）。

宮城と福島のデータは、厚生労働省が設定した食品による年間の被ばく量１ｍSv（表４－５）の２％です。現行の厳しい新基準値のもとでは、さらに被ばく量は減少していると推測されます。

この程度であれば、生涯における追加の累積線量は「およそ１００ｍSv」を超えることはない、ということを厚生労働省が説明すれば国民は安心すると思います。そして、こうした調査を今後も続けて、事実を確認して公表すれば福島産の食品に対する風評被害の解決に役立つのではないでしょうか。

表４－６　食品中の放射性セシウムとカリウム40からの被ばく量、（mSv）

地域	被ばく量（mSv / 年）		(A)/(B) %
	セシウム（A）	カリウム（B）	
東京	0.0026	0.1786	1.5
宮城	0.0178	0.2083	8.5
福島	0.0193	0.1896	10.1

出典：厚生労働省　薬事・食品衛生審議会放射性物質対策部会（平成23年12月22日）資料７をもとに筆者作成

食品中にはこの他、被ばくから逃れられない自然放射線源（図4－8）としてカリウム40という放射性物質も含まれています。なぜ、そんな話を持ち出すかと言えば、規制されていない食品中のカリウム40による被ばく量と比較して、規制されているセシウムによる被ばく量の割合を理解することは、セシウムのリスクの相対的な大きさを理解するうえで大切だからです。福島における食品中のセシウムによる被ばく量は、規制されていないカリウム40による被ばく量の10・1％です（表4－6）。

カリウムは動植物の必須元素で、体液や組織中に多量に存在しています。そのカリウムの中にごくわずか（0・012％）ですが放射線を出すカリウム40が含まれています。したがってカリウムを含む多くの食品にもその割合だけカリウム40が含まれていることになります（表4－7）。このためカリウム40は自然放射線源による内部被ばくの大きな要因の一つとなっています。だからと

表4－7　通常の食品に含まれる放射性カリウム40

食品名	放射能	食品名	放射能
干し昆布	2,000 Bq/Kg	魚	100 Bq/Kg
干し椎茸	700 Bq/Kg	牛乳	50 Bq/Kg
お茶	600 Bq/Kg	米	30 Bq/Kg
ドライミルク	200 Bq/Kg	食パン	30 Bq/Kg
生わかめ	200 Bq/Kg	ワイン	30 Bq/Kg
ほうれん草	200 Bq/Kg	ビール	10 Bq/Kg
牛肉	100 Bq/Kg	清酒	1 Bq/Kg

出典：食品中の放射性物質による健康被害について（資料1）、食品安全委員会、平成24年1月

いって食べる量を減らす必要は全くありません。

干し昆布の放射能を見ると2000ベクレルなので、食品の規制値100ベクレルを超えていると思い違いしそうですが、干し昆布の値はカリウム40の放射能です。食品の規制値は、放射性セシウム134、セシウム137の放射能の総和で定められています。食品中のカリウム40を規制していないのは、もともと自然界（宇宙線や大地、食品など）から受ける放射線（日本では1・5mSv/年　図4－8）は、避けられない放射線なので規制の対象外だからです。しかもカリウムは塩分（ナトリウム）の排泄を促し血圧の上昇を制御するなど、健康を維持するのに必要な元素です。カリウム40は過剰に摂取すればその分だけ排泄する仕組みになっていて、常に体内に一定量を確保するように体内調節されています。

ところで、カリウム40は46億年前の地球誕生時から存在し、半減期は12億年なので、およそ500万年前と言われる人類の出現以来、人はずっと被ばくしてきたことになります。それでもカリウムによる健康影響が問題になってこなかったのなら、被ばく量がカリウムの1割程度のセシウムを規制しなくても良いのではないか、と思う人がいるかもしれませんが、セシウムを規制する根拠はICRPの放射線防護の3原則の一つ「正当化の原則：放射線被ばくを伴ういかなる行為も、被ばくのマイナスを補って余りあるプラスをもたらすものでなければならない」という原則に従ったものと見ることができます。

第5章　規制値の決定だけがリスク管理ではない

32　リスク管理には手順がある

(1)　リスク管理の手順

「ボタンの掛け違い」のないようにリスク管理をするには、どうしたらよいか。筆者らが翻訳した『リスク評価及びリスク管理に関する米国大統領／議会諮問委員会編の報告書――環境リスク管理の新たな手法』（化学工業日報社）によれば、リスク管理の手順には次に示すように6段階の手順があります（図5−1）。

①　**問題の明確化と関係づけ**　問題となっているリスクは、何が問題なのか。リスクの発生源は何の事業活動をしていて、責任者は誰か。事業を所管する国など公的機関はどこか。事業活動によるリスクの影響を受ける人たちはどんな集団、組織か。また、便益を得ているのは誰か。いつ頃から問題になっているのか。何をすることが問題解決になるか。そのための利害関係者の関与など、問題の背景全体の把握と課題の整理を行う。

②　**影響評価（リスク分析ともいう）**　事業活動がもたらす健康影響リスクの因果関係のみならず経済的、社会的な影響、また事業活動がもたらす便益などについても分析を行う。

③　**選択肢の検討**　規制的なものか否かを問わず、リスク対策の選択肢を検討する。選択肢ごとにリスク管理の方法、期待される便益や有効性、対策の副作用、費用と費用負担などについて検討する。

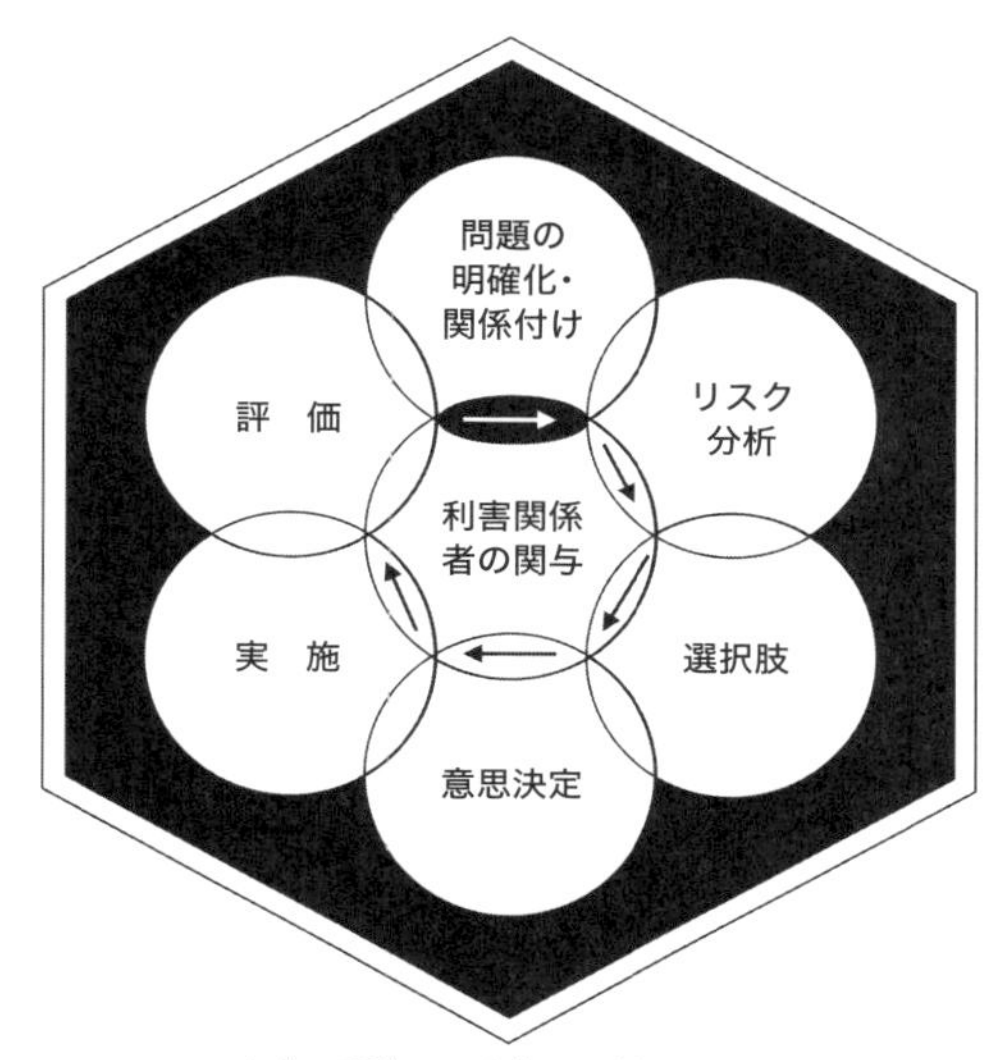

出典：環境リスク管理の新たな手法
佐藤・山崎訳、化学工業日報社

図５−１　リスク管理の手順

④　**対策の意思決定**　リスク管理者は、利害関係者の意見を参考にして、③の中から実施可能な対策について、政治的、社会的、法的、文化的側面を考慮して、どの対策を実施するか決定する。

⑤　**対策の実施**　決定した対策に関する計画を策定し、地元関係者に説明し対策を実施する。対策の進捗状況を関係者に公開する。

⑥　**結果の評価**　実施の結果について何を評価し、その評価基準を決めて、評価する。

リスク管理というと、④の「対策の意思決定」と⑤の「対策の実施」に関心が向かいがちです。しかも、問題となっているリスクの健康影響に特に焦点が絞られがちになります。リスク対リスクの比較をしてリスクの許容度を判断するには、上記にあるような経済的、社会的側面など広範囲な検討が必要です。

(2) 利害関係者の関与

これまでも利害関係者という言葉を使ってきましたが、上記の6つの手順のどこかの段階で何らかの利害のある人は誰でも利害関係者です。リスク管理は、手順に沿って全過程で利害関係者と協力して進めるものです。特に手順①「問題の明確化と関係づけ」で、積極的に利害関係者を関与させることがその後のリスク管理のための意思決定プロセスにとって決定的に重要です。その意味を込めて、図5-1では、「利害関係者の関与」と「問題の明確化と関係付け」との重なりを他の項目との重なりよりも大きくして、この部分は黒塗りにしています。

利害関係者を関与させる利点は、リスク管理の透明性が高まることです。具体的な利点については、後述の38項にまとめました。

33 リスク管理の責任者は誰か

(1) 責任・権限を持つリスク管理者の確定が大切

問題となっているリスクの未然防止のためには、先ずリスク管理する責任や権限を有するリスク管理者が誰であるかを確認することが大切です。各種規制法では、規制を実施する責任者を定めています。それがリスク管理者です。誰が最も適切なリスク管理者であるかは、事案によっては各種の規制法が関係することが多く、問題の置かれた状況によります。

例えば原発事故を起こした福島第一原発の場合は、原子力に関する国のリスク管理者は当時の経済産業大臣。事故を起こした東電のリスク管理者は社長。また、事故現場の原発のリスク管理者は発電所長となります。

⑵ 国レベルでは政策責任者＝政治家が一般的

国の自動車排ガス規制が強化される場合、全国一律に適用される排ガスの新基準は新たに発売される新型車にしか適用されません。使用中の車に一斉に適用すると新基準に対応するための改修費用や改修期間が必要となり、日本中の規制対象車が一時的に使用できなくなって、社会的に大混乱を招くことになるからです。規制基準を決定するには、こうした利害関係者の利便性や費用負担などを総合的に判断する必要があることから、リスク管理者は選挙で選ばれた政策責任者（大臣：政治家）がなっているのが一般的です。

⑶ 独立性が重要視される原子力規制委員会は例外的なリスク管理者

原子力安全・保安院時代は、原発の安全規制の責任者（リスク管理者）は一般の諸規制と同様に、政策責任者である経済産業大臣（政治家）でした。しかし、福島第一原発事故の反省に立って、安全を最優先にして規制するため、リスク管理者として政治家ではなく、政治家の指揮監督を受けない独立した機関として原子力規制委員会が新たに設置されました。

規制委員会の独立性とは、採算性など経営リスクを抱える電力会社、電力の安定供給を望む産業界、原発からの税収や交付金などが主な財源となっている地元自治体、原発で成り立っている地元経済関係者など、利害関係者のさまざまな事情や意向にとらわれないで、安全最優先で原子力の安全規制を行うことです。

規制（リスク管理）を政策責任者（政治家）から独立して行うリスク管理者は例外的と言えます。これは日本独特のものではなく、国際的にも原子力については、安全最優先の別格の扱いをしていて、米国をはじめ仏、独、英では、以前から例外的に政策責任者（政治家）から独立した機関がリスク管理者として原子力の安全規制を行っています。

リスコミnote⑫

規制委員会は全能のリスク管理者ではない

福島第一原発事故後、九州電力川内原発が規制委員会の審査に合格一番乗りを果たした際に、当時の経産大臣の「これにより、再稼働に求められる安全性が確保されることが確認されました」という趣旨の談話が一斉に報じられました。

一方、規制委の当時の田中委員長は、記者会見で質問に答えて「規制委は再稼働するかどうかについては判断しない」「規制基準の適合性審査であって、安全だとは言わない」との趣旨の発言を行ったことも同様に報じられました。

これを聞いた市民の中から「規制委が安全だと言ってくれないと、一体、誰を信用したらいいのか」と疑問や困惑の声が聞かれました。

規制委員長の趣旨は、原発の稼働前のリスク管理者は規制委員会ですが、「稼働の最終判断や稼働が始まったら安全運転に責任を持つリスク管理者は規制委員会ではありません（それは電力会社です）」ということにあります。

本来のリスク管理者を見失わないことがリスク管理には大切です。

リスコミnote⑬

原子力規制委員会と食品安全委員会の役割の違い

食品中の放射性物質の基準で登場した食品安全委員会は、食品リスクの因果関係を科学的に検討する科学者、専門家の知見を取りまとめる国の影響評価機関と呼ばれるものです。その知見をもとに規制値を決めるのは、国のリスク管理機関と呼ばれ、厚生労働省や農林水産省などの関係各省です。

食品以外の規制では、リスク管理機関（関係各省）が、科学者、専門家の意見を聞いて規制しています。

原子力規制委員会は、原子力について、委員長及び委員が専門的知見に基づき中立公正な立場で独立して規制する国のリスク管理機関です。独立した機関と言われるのは、原子力規制委員会は他の規制と違って、関係各省の政策責任者の指揮監督を受けないからです。

---

(4) 使用済み核燃料にもリスク管理者が必要

使用済み核燃料や廃炉は高レベル放射性廃棄物なので、無害化するまで10万年もかかると言われています。そのため高レベル放射性廃棄物の最終処分場の建設は地元住民の反対で候補地が決まっていません。世にいうトイレのないマンション問題です。

最終処分とは、地下３００ｍ以上の深さの地層に、放射性廃棄物が飛散し、流出し、または地下に浸透することがないようにして保管し、施設が満杯になれば閉鎖して埋設することです。しかし、地中深く埋めてしまえば地下の施設内で何か異常が起きても、掘り起こさなければ確認できなくなります。埋設してリスク管理者不在の状態にしてしまえば、当然のことながらリスク管理はできません。

最終処分場は10万年は大丈夫だからと言って埋めて、監視の手綱を手放せば、安全神話に逆戻りしてしまいます。日本学術会議が提案しているように超長期にわたる安全な保管方法が開発されるまで、安全性に厳重な配慮をしながら回収可能性を備えた形で保管するなど、リスク管理者が管理できる状態を確保することが大切です。

(5) 廃炉作業の支援態勢とリスク管理者

福島第一原発事故の対策にかかる費用は、当初見込みより膨れ上がり最終的にいくらかかるのか見通しが立てられない状況だと言われています。そこで平成26年8月から、廃炉作業は、原子力損害賠償支援機構が政府による大方針や監視の下、技術的判断を担い、東京電力が取り組む廃炉を着実に進められるように支援することになりました。

メルトダウンした原子炉の廃炉作業に必要な技術は、現段階では未確立ですが、作業の安全を確保する責任体制として、国のリスク管理者は規制委員会、その規制を守るリスク管理者は東電という〝役割分担〟が確定しています。東電が今後も廃炉作業のリスク管理者なのか、それとも支援することになった原子力損害賠償支援機構が新たなリスク管理者になるのか。両者の間で廃炉作業のリスク管理者がどちらか、あいまいにならないようにすることが大切です。

34　科学的に未解明でも問われる規制の要否

(1)　因果関係の未解明なリスクへの対応

a　不気味なリスク

有害物質の規制のためには、人の健康などに及ぼす影響についての因果関係が十分に解明されていることが前提です。ところが、科学技術の進歩は、次々と新しい製品を世に送り出します。その新製品の中には有害性の因果関係が十分に解明されていないものがあります。例えば環境ホルモンやナノテクノロジーが生み出す新素材などに、どのようなリスクがあるのか疑ったらきりがありません。だからと言って無視するだけの根拠もありません。

これまでリスクとは①起きては困ることの重大さと②起きては困ることの起きる可能性であると言ってきましたが、この不気味なリスクの所以は、①については、例えばどんな健康影響があるのかが、はっきりしないこと、②については、どのような条件でどの程度の影響がでるのか、何とも言えないこと、です。したがって、科学的に人びとが困ることの原因物質と言えるのかがはっきりしないのです。まさにリスクの影響に関する因果関係が科学的に未解明なので、正体のはっきりしない不気味なリスクなのです。

このような因果関係のはっきりしないリスクは、最近になって始まったことではありません。いつの時代にもその時代の最新技術があります。水俣病は、原因物質とされる有機水銀との因果関係が科学的に解明されていないという理由で水銀を含む工場排水を流し続けた結果、その間に被害がどんどん拡大して悲惨な公害事件となったものです。1960年代のことです。

b　予防原則の考え方　このようなことを繰り返さないために1992年にブラジルのリオデジャネイロで開かれた国連開発環境会議のリオ宣言の中に因果関係がはっきりしないリスクへの対応原則が次のような形で盛り込まれました。

「たとえ原因と被害の間の科学的証明が明確なかたちで存在しなくても、深刻かつ不可逆なリスクがある場合には、事前に予防措置をとらなければならない」。

ここで不可逆なリスクとは、元の状態に回復できないリスクのことです。この考え方を予防原則と呼んで、因果関係の解明が進んでいるリスクに対する未然防止対策とは区別しています。

それでは、予防原則に基づいてどのようにリスク管理したらよいのかとなると、なかなか一言では言い尽くせません。起きては困ることの種類や重大さがはっきりしないからです。予防原則とは、「疑わしきは規制すること」のように思い違いされることがあります。しかし、有害かもしれないからといって全面禁止したら、後で実は有害ではなかったということが判明したとなれば、安全のためだったとは言え、ただ無意味な規制をして社会的混乱を引き起こし、関係者に不必要な対策費用を強いただけになってしまいます。逆に、大したことはなかろうと、なにもしないでいてリスクが現実化したとなれば、取り返しのつかない被害をもたらすことにもなります。

対応としては、先ず科学的知見の徹底的収集から始める、専門家による影響調査を開始する、使用状況を監視する、なるべく体内に取り込まないような対策を奨励する、様子を見ながら注意するなど、幅広い対処法の選択肢があります。科学的調査研究の進展により因果関係が徐々に解明されてきたら、それに応じて規制の強化あるいは緩和をしていくことが、予防原則の基本的な考え方です。

予防原則に関する欧州委員会（EU）報告では、「何もしないこと、少なくとも法的拘束力のある対策は導入しない方が正解である場合がある」と言っています。また、「因果関係がはっきりしないもとでの全面禁止はリスクに対するバランスのとれた対応とは言えないが、被害が甚大になるような可能性がある場合には唯一可能な対策であることを排除するものではない」とも言っています。

(2) 未解明なリスクへの対処には強いリーダーシップが必要

科学者でさえ見極めが付かない不気味なリスクに対して、リスク管理者（政策責任者）は、どこまで踏み込んで対応すればよいのか、悩むことになります。予防原則で対応すればよいと言っても、選択肢は何もしないことから禁止まで幅広いからです。しかも、政策責任者は「どうしたらよいのか分かりません」とは言わせてもらえません。「注意深く様子見します」という判断も含めて何らかの判断をしなければなりません。場合によっては、「様子見します」とは何ごとかと、消費者の怒りを買うこともあります。政策責任者の判断や対応をめぐって、疑わしきは規制すべきと主張する消費者団体や、心配だからと言って科学的根拠もなく何でもかんでも規制したら生産活動ができなくなると主張する企業などとの間で論争や混乱が生じることがあります。

ともすると安全性の議論は科学者に任せるべきであり、政治が介入するのは間違っているという議論がよく行われますが、例えば地球温暖化対策の国際交渉を担っているのは各国政府であるように、社会の安定を図るためにどの程度のリスクであれば安全であるかと判断するのは科学者ではなく、リスク管理を行う政治家など政策責任者です。リスク管理は政治主導でないとできないのですが、とくに予防原則の場合は因果関係がはっきりしていないだけに、強いリーダーシップが求められます。その際、リスク管理者は、市民、企業、専門家などの利害関係者の意見を十分聞いて判断する必要があります（詳しくは第8章リスク・コミュニケーションの心得参照）。

(3) 予防原則の適用例——インフルエンザ治療薬タミフルの場合

因果関係のはっきりしないリスクに対して予防原則に該当すると思われるリスク管理の例としてインフルエンザ治療薬タミフルの場合があります。

小児や未成年者がインフルエンザ治療薬タミフルの服用後に、２階から転落死するなどの事例が発生したため、タミフルと異常行動との関係が問題になったことがあります。インフルエンザと診断されてタミフルを服用した結果、異常行動が発生したからと言って原因はタミフルであるとは必ずしも言えません。なぜならインフルエンザそのものが原因であるかもしれないし、それ以外の原因も考えられるからです。だからと言ってインフルエンザに罹っているのに特効薬を投与しないで様子を見るということもできません。したがって原因が特定できないうちにインフルエンザ特効薬のタミフルを直ちに禁止するわけにもいきません。

このような場合にリスク管理の方法として予防原則が役立ちます。実際に国民の健康を守る立場にある政策責任者（厚生労働大臣）は、どのような対策をとったかを見てみることにします。

国（厚生労働省医薬食品局安全対策課）は、すぐには禁止しないで法律にもとづき製薬会社に対して緊急安全性情報を医療機関等に発出するよう以下のような指示を出しています（平成19年3月20日）。

《1．本剤の使用にあたっては、本剤の必要性を慎重に検討すること。

2．10歳以上の未成年の患者においては、因果関係は不明であるものの、本剤の服用後に異常行動を発現し、転落等の事故に至った例が報告されている。このため、この年代の患者には、合併症、既往歴等からハイリスク患者と判断される場合を除いては、原則として本剤の使用を差し控えること。

また、小児・未成年者については、万が一の事故を防止するための予防的な対応として、本剤による治療が開始された後は、
(1)異常行動の発現のおそれがあること、
(2)自宅において療養を行う場合、少なくとも2日間、保護者等は小児・未成年者が一人にならないよう配慮することについて患者・家族に対し説明を行うこと。
なお、インフルエンザ脳症等によっても、同様の症状が現れるとの報告があるので、上記と同様の説明を行うこと。》

緊急安全性情報を発出することで、医療現場は患者にとっても受け入れやすい、より容易に実行可能な対応（リスク管理）を選択しやすくなります。このような国の対応は予防原則の一例と言えます。

35 規制基準審査に合格しても即安全を意味しない

(1) 稼働中の安全管理こそリスク管理の要

福島第一原発事故を契機に規制委員会が新たに発足して、従来の安全規制を見直して、過酷事故対策、地震・津波対策やテロ対策などを強化する新たな規制基準が制定されました。しか

し、規制委員会が定めた原発の設計上の規制基準はあくまでも原発が安全であるための前提条件であって、原発事故が起きないことを保証したものではありません。航空機の運航を国土交通大臣が認可したからといって、整備不良なら航空機事故は起きるのと同じです。

電力会社には旧原子力安全・保安院時代から原発の定期点検が義務付けられていますが、これまでにも検査データの改ざん、検査漏れなどが指摘された前歴があります。規制委員会がどんなに厳しい規制基準を課しても、電力会社が申請通りに規制基準を守って原発を稼働させなければ、安全は確保できません。

万一、原発の稼働中のリスク管理に問題のある事例が発生したときは、規制委員会が間髪を入れずに立ち入り検査などを実施して問題点の業務改善命令を出すなど強力な指導力を発揮しないと原発の安全は確保できません。

原発反対の声が勢いづくのを恐れるあまり日々の原発稼働でヒヤリ・ハットしたことを現場がひた隠しにして放置すれば、逆に重大事故のリスクが高まることになります。大事故に結びつくような不具合を発見したら、航空機で実施されているように、直ちに規制当局に通報して、他の原発で同様なことが起きないか点検させる緊急点検情報を各原発に流し、結果を報告させるなど、原発現場と規制委員会・規制庁との連携が重要になってきます。こうした事例をもとに規制基準は適宜、実態に合わせて改定していくべきです。

⑵ 新しい規制基準も運用次第

規制委員会は、「国民の安全を最優先に、常に世界最高水準の安全性を目指さなければならない」と、その組織理念の中で述べています。そのため原発の新たな安全規制で、過酷事故対策の強化や40年運転制限規制の導入などとともに規制基準の設定方法として「バックフィット制度」と「性能基準」が採用されました。

a バックフィット制度

「常に世界最高水準の安全を目指」して、既存の原発に対しても新基準への適合を義務付ける制度が新たに導入されました。利害関係者の利便にも配慮して新車だけを規制対象にする自動車の排ガス規制とは違って、既設の原発にも適用されることになったのです。そのため古い原発は40年の使用期限内に改修費用を回収できそうもなければ、廃炉を選択することになります。「バックフィット制度」は、運用の仕方によっては、原発の事実上の使用禁止にもなり得るルールです。

因果関係が分かっているものであれば「科学的見地」については専門家の間で見解の違いはほとんどないと思いますが、「技術的見地」となると、例えば、最新の技術と言っても運転実績がほとんどないのに本当に有効な技術と言えるのか、その技術の安全性などについて見解が分かれる可能性があります。

今後、海外で福島第一原発事故を教訓にして安全対策を強化した最新型の原発が次々と開発され稼働していくと、いずれ規制委員会の規制基準も、改定されることになると思われます。

その際、「常に世界最高水準の安全を目指す」とは、極端な場合の想定ですが、仮に世界中で最新型の原発が稼働するたびに、日本の規制基準が連動する形で改定されるとすると、その都度日本中の原発が一斉に稼働停止になり、再開するには規制委員会の審査を受けることになります。バックフィット制度にはいろいろな運用方法があると思いますが、いずれにしても新技術が新たに基準に採用できるほど完成度の高いものか、まだ時期尚早か、安全性を見極めなければなりません。

「バックフィット制度」は、原子炉の年齢に関係なく一律に最新の規制基準を適用するというルールですが、より「厳しい」基準を「迅速に」、一律に適用するとは言っていません。したがって、どのような技術が、どの程度の安全性の向上が見込まれれば、どのタイミングで、新たな規制基準として「バックフィット制度」で一律に全原発に適用されていくのか、規制委員会が運用方針を明らかにする必要があります。

b　性能基準　新しい規制基準にはもう一つの特徴があります。それは規制を数値で示すのではなく、満たすべき「性能」を求めていることです。このような規制基準を性能基準ということがあります。規制委員会は安全性能を要求し、電力会社は自社の原発施設の特性に応じて自ら安全対策を考えて、その安全性を規制委員会に説明する、という考え方をとっています。身近な例で説明すると、例えば規制基準を「車間距離は時速50ｋｍのときは○○ｍ以上とする」とは定めずに、「安全な車間距離をとって走行しなければならない」とだけ定めて、電力会社が実態に応じて安全な車間距離を定めて「時速60kmで走行するので車間距離は××mとする」と安全確保の方法を具体的に示す方式です。規制委員会の審査では「雨の時でもその車間距離で大丈夫か」との問に対して、電力会社は十分安全に停止できることを説明できなければ審査をパスできません。

ここで大切なことは、新規制基準の「性能基準」方式が機能するには、規制委員会の実務を担当する規制庁担当者が、原発運転の実務に精通している電力会社の担当者と同等以上の知見を有していることが大前提であることです。例えば、仮に審査を受ける電力会社が、対策費用をなるべく低く抑えるために「雪が降った場合のチェーンの装着については、規制委員会から問われるまで黙っていよう」というような態度をとった場合、仮に規制庁担当者が現場の実情に疎くて「雪の日のことまで気が付かなかった」場合には、雪の日の対策のないままに「規制委員会の審査をクリアーする」ことになってしまうからです。

性能基準は実態に柔軟に対応した優れた規制方式ですが、そのことが裏目に出ないように、政府、国会が規制庁の人材確保に努めないと、原発の安全は確保できません。

⑶ 問われる事故収束作業の対応能力

福島の事故現場では増え続ける汚染水問題が急を告げています。事故後2年半を過ぎた平成25年9月になって、国も東電任せにしないで放射性物質を含む汚染水が海に流れ出ないように原子炉建屋を囲う凍土壁の建設に動き出しました。また、平成25年9月現在で敷地内にある約1000基の汚染水保管タンク群からの汚染水漏洩などのトラブルが次々に発生しました。

規制委員会の規制基準をパスしても事故は絶対に起きないとは言えない限り、原発の再稼働中の、あるいは申請中の電力各社にとって、福島の事故終息作業は他人事ではないはずです。こうした事態は、各電力会社に対して規制基準を満たすだけでは不十分で、事故収束の対応能力についても問うものです。

第6章　リスク情報とリスク管理

36　安全を確かめるには専門知識が必要である

福島第一原発事故の後、原発事故の数日後に雨に濡れたけど大丈夫か、放射性物質に汚染された食べ物のことが報道されているが大丈夫か、といったさまざまな問い合わせが公的機関に寄せられました。それらについて、インター・ネットで検索すると、読み切れないほどの量の各種情報が載っています。話し言葉で丁寧な言い回しで書いてありますが、専門用語がポンポン出てきて、専門家でない一般の人にとっては新聞を読むようなわけにはいきません。用語の解説が必要ですが、その解説にも専門用語が出てきてついに読むのを途中で諦めてしまうのが実情ではないでしょうか＊。

＊例えば放射線被ばくの健康影響については、原子力安全委員会の低線量放射線の健康影響について（http://www.nsc.go.jp/info/20110526.html）や放射線医学総合研究所の放射線被曝量に関するＱ＆Ａ（http://www.nirs.go.jp/information/info.php?i20）など。

無条件で安全であるということはない、安全は常に前提条件付きである、リスクとはその安全の前提条件が崩れる可能性のことである、と前に述べましたが（☞9項）、その前提条件を理解するには専門知識が必要な場合が多いのです。これこれしかじかの理由で安全の前提条件は守られています、と言われても、専門家でない一般の人にとっては、安全を確認できるとは限りません。むしろ分からないことがますます増えて、かえって心配になることだってあります。

心配になれば、藁をも掴む気持ちで、分かる（と思っている）範囲でリスク情報を読もうとします。しかし提供されている情報が、専門知識がないと理解できないような場合は、リスク情報が少ないと受け取られてしまうことがあります。リスク情報はリスク管理に不可欠ですが、単に情報公開、情報提供すれば安全を確認できるとは限りません。理解のむずかしいリスク情報には日頃研究の世界にいる専門家に代わって、一般の人に分かりやすく説明できる専門家の通訳が必要です。しかし、外交交渉などで通訳が本当に正しく訳しているか不明だったり、通訳により言い回しがそれぞれ異なるように、リスク情報も異なることがあります。結局、われわれは安全確認の理解にも限界があることも認識しておく必要があります。その場合は、信頼できると思う専門家に安全の確認を頼るしかないこともあるということです。

37　変化するリスク情報に対応したリスク管理

地震は発生直前までいつ発生するか分かりません。したがって地震に対する建物のリスク管理では、建設を始める前に建物の構造が耐震基準を満たしているか審査してから建設許可が出ます。このようにあらかじめ基準に基づきリスク管理する方法の他に、日々変化するリスク情報の緊急性に対応してリスク管理をする場合があります。

新型インフルエンザの警戒警報を厚生労働省が出していて、国内での警戒レベルは、ピークが過ぎた後を含めて5段階の警報を定めています（表6－1）。

このように、リスク発生の可能性が高くなったり低くなったり、変化する場合のリスク管理では、変化するリスク情報の監視体制の確立がリスク管理に不可欠となります。

38 情報公開は対策の意志決定を助ける

リスクへの対応は、内容の専門性の難易に関係なく、リスクを許容するか回避するかは、最終的には自分で判断しなければなりません。だからと言って判断材料なしには判断できません。その判断材料を提供するのが情報公開です。

リスク管理者がリスクをどのレベル以下に抑え込むかの対策の意志決定する際に、許認可や規制を担当する行政とリスクの影響を受ける地域住民、消費者団体、リスクの影響を与える可能性のある事業者、その他に技術者、

表6－1　日本国内における新型インフルエンザに対する警戒レベル

発生段階	状　態
前段階　（未発生期）	新型インフルエンザが発生してない状態
第１段階（海外発生期）	海外で新型インフルエンザが発生した状態
第２段階（国内発生期）	国内で新型インフルエンザが発生した状態
第３段階	国内で、患者の接触歴が疫学調査で負えなくなった事例が生じた場合
＊感染拡大期	各都道府県において、入院措置等による感染拡大防止効果が期待される状態
＊まん延期	各都道府県において、入院措置等による感染拡大防止効果が十分に得られなくなった状態
＊回復期	各都道府県において、ピークを超えたと判断できる状態
第４段階（小康期）	患者の発生が減少し、低い状態でとどまっている状態

注）＊は都道府県の判断
出典：厚生労働省　新型インフルエンザ対策行動計画（平成 21 年２月 17 日最終確定）

研究者などの間でリスク情報を共有すれば以下のような効用があります。
①リスク管理について民主的な意志決定がしやすくなる
②一部の利害関係者の利益追求を防ぐことができる
③よりよいリスク管理の意志決定に必要な理解を深めることができる
④リスク管理の意志決定の基礎となる知見の改善につながる
⑤リスク管理の意志決定にかかる時間と費用の節約を可能にする
⑥リスク管理者への信頼性が向上する
その結果、利害関係者にとってより受け入れやすく、より容易に実行可能な対策（リスク管理）の意志決定がしやすくなります。特に因果関係の未解明なリスクへの対応（予防原則）には、情報公開は不可欠です。「臭いものに蓋をすることがリスク管理である」と述べましたが（☞14項）、リスク情報に蓋をしてはリスク管理はできません。

39 対策のないデータの提供は混乱のもと

放射線は怖いとは誰でも思っているけれど、普段は放射線に曝される心配がないので、放射線量と人体影響の関係については無関心です。ところが、ひとたび福島第一原発事故で放射性物質が原子炉の外部に放出されるという緊急事態が発生すると、状況は一変します。原子炉の中で核分裂がどんどん進み、原子炉が暴走して放射性物質が大量に放出されていないか、空気中に放射性物質が漂っているのではないか、水道水は大丈夫か、野菜や牛乳、魚といった食料品は汚染されていないか、実態はどうなっているのか、早く知りたくなるのは当然です。そして実態をどのように理解して、どのように対処したらよいのか、一刻も早く知りたくなります。それに応えるのが情報提供です。

例えば、気温の変化への対応には誰でも普段から慣れているので天気予報の気温だけでも十分役に立ちますが、原発事故のような場合は何ミリシーベルトとか何ベクレルという聞き慣れない数値データの提供だけでは不十分です。初めて耳にする数値の意味を説明し、対処の仕方まで説明しないと専門家でない一般の人はどうしてよいか分からず、ますます不安に駆られることになるからです。

天気予報でも、雪があまり降らない地方で大雪になる場合は、雪に不慣れなドライバーにタイヤ・チェーンの用意など車の運転の注意を呼びかけています。気象データだけでは適切に対応できない人がいるからです。

緊急地震警報、津波警報のような一刻を争う警報も情報提供の一つですが、混乱を防ぐため、必ず警報と共に必ず警戒レベルとか、注意事項など対処法を簡潔に伝えています。

対処方法の説明のない情報提供は単なるデータ提供に過ぎません。科学者・研究者には役立ちますが、専門知識のない一般市民から「だからどうしたらいいの？」と聞かれるような情報提供では役立ちません。すぐ行動に移せる情報提供が不可欠です。

40 なぜ情報隠しをするか

リスク管理ではよく、利害関係者という言葉が使われます。リスクを発生させる側、リスクの被害を受ける側、規制当局など、リスク管理に関係する者を総称して利害関係者と言っていますが、その中で誰が情報隠しをすると特に問題になるかというとリスク管理者です。政府や自治体の規制当局やリスクを発生させる側の企業経営者など、リスク管理者は、リスクの発生を未然に防ぐためにどのような対策をとるかを意志決定する立場にあります。万一、事故が発生した場合に、どんな有害物質がどれだけ周辺住民の健康に影響を及ぼす可能性があるかといったリスク情報を一番持っているのがリスク管理者なのです。そのリスク管理者が情報隠しをするとその他の利害関係者はリスクの実態を把握できなくなるから、情報隠しが問題になるのです。

なぜ事故に関するリスク情報を隠すのか、あるいは公開をためらった挙げ句に隠したと言われてしまうのか。リスクの被害を受ける側から見ると何か都合の悪いことがあるから隠しているのだろうと思いたくなります。往々にしてリスク管理者からは、「情報公開しても情報の受け手である一般市民などをいたずらに不安に陥れるだけである」という釈明を聞きますが、なぜ一般市民が不安になるかと言えば、リスクへの対処の仕方が分からないからです。

福島第一原発事故の際、事故を起こした原発からの放射性物質の放出状況に関するデータ（スピーディ）を持っていながら迅速に公開しなかったことが問題になりましたが、緊急事態発生時にデータだけ公開して、「対策はどうして良いか分かりません」ということになれば、当然、一般市民はパニックに陥ることになります。データの迅速な公開だけでは不十分で、大切なことはそのデータの意味するところを伝えて対処方法を具体的に指示することなのです。

その際、指示は実行可能なものでなければなりません。例えば「○○方面に早く逃げろ！」と指示しても、入院患者とか施設に入所しているお年寄りはどうすればよいのか対応できず、いろいろな問題が出てくるので、指示したために、ますます混乱してしまうことになります。その混乱を恐れて情報隠しをしてしまうのではないか、と筆者は見ています。

リスク管理者は平時から緊急事態発生を想定して住民の避難訓練など対処法の備えが欠かせません。そうすればリスク管理者は情報隠しをする必要がなくなるはずです。

41 公開してはいけない情報、公開すべき情報

個人情報は法律で保護されています。それでは個人情報以外は、なんでも公開しなくてはいけないのか。どんな場合に公開するとリスク管理がうまくいかなくなるのか。

社運を賭けた会社の新製品開発会議の内容が外部に漏れてしまったら、会社は、大きな痛手を被ることになります。試合前のミーティング（作戦会議）も公開したら手の内がバレバレになってしまいます。家族会議を公開することがないように、利害を同じくする身内の話、作戦会議の類の情報は公開してはいけないのです。外交機密や軍事機密は、利害を同じくする国民には知らせるべきではないかと思う人がいるかもしれませんが、外国に知られないように身内の国民だけに知らせる（公開する）ことが不可能な場合は、公開しないことがあります。

このことと、役所や会社の不祥事を身内のこととして非公開にすることとは、全く異なることは言うまでもありません。役所や会社の不祥事が、国民や取引先、消費者、株主などの利害関係者に不利益をもたらす場合は、情報公開する必要があるからです。情報公開することにより不当な行為とか、あるいは職務の怠慢がバレてしまうことまで、身内の不利益とする理由はないので、ここは、厳格に区別しなくてはなりません。

身内のことではなく、立場の異なる利害関係者の利害が対立する事案を検討する会議は、公開が原則です。公開しないと一部の利害関係者の意見が無視されても分からなくなるからです。国会や県議会などが公開されているのは、討議の結果が立場の異なる利害関係者に影響を及ぼすことになるからです。

42 秘密文書とリスク管理
——ウィキリークスによる米国外交秘密文書流出事件

ウィキリークスによる米国外交秘密文書のインターネットへの流出問題の是非は、知る権利と守秘義務の問題を提起していると報じられることがありました。

リスク管理ではこのような問題設定はしません。では、どのように捉えるか。流出問題をリスク管理の観点から捉えると、どうなるか。知りたいことを知ることができないことによるリスクと、守るべき秘密が守られないことによるリスクのどちらを優先してリスク管理すべきかを提起している問題と捉えます。答えは是か非のように二者択一ではないのです。

米国政府の立場からすれば守るべき秘密が守られないことによって被る被害を重大と捉えるし、政府職員には守秘義務が課せられてるはずです。あるいはスパイのように盗み出せば罰せられるでしょう。

しかし、米国政府の外交政策に不満・批判を持っている立場にあれば、知りたいことを知ることができないことによって被る被害を重大と捉えるのです。したがって、前者はウィキリークスの行為を非難するであろうし、後者は歓迎・擁護するでしょう。

リスク管理は善悪を判断することではありません。あなたの守るべき優先順位を鮮明にしないとリスク管理はできないのです。

43 情報の真偽は最終的には自分で判断する

情報公開されればリスク対策をとりやすくなりますが、もし、その情報が信用できないとしたら対策の判断材料としては使えません。

われわれ住民や消費者は、どのようにして信用できる情報であると判断したらよいか。専門知識のないわれわれにはむずかしい判断ですが、少なくとも素人目でも情報に矛盾があると思ったら信用できません。また、前に述べたように、データの読み方と対応策を示していないリスク情報は無責任になりやすいので要注意です（☞39項）。

普段接していない情報を正確に受け取ることは大変難しいことです。しかも、リスクは時間の経過とともに変化しています。その推移を見ながら何回か同じ情報源に付き合い、情報に裏切られたと思わなければふつうは信用するでしょう。しかし、専門家から見れば科学的には未解明の情報の場合もあるのです。むしろ、一般的には、多くの情報の中から適宜、情報を取捨選択しているのが実態に近いのではないでしょうか。

その際、どの情報が信用できそうか、皆自分で判断しているのです。自分で判断できない場合は、信用できそうな機関（または人）があればその機関（または人）の考えに従うしか方法はありません。しかし、信用できそうな機関（または人）かどうかの最終的な判断は自分自身がしているのです。

第７章　危機管理とリスク管理はこれだけ違う

44 緊急時の危機管理――リスク発生直前と直後の二つの対応

(1) リスク管理があるから危機管理がある

皆さんは危険があるから危機管理が必要と思っていませんか？ リスク管理（リスク発生防止）が信用できないから危機管理があると思っていませんか？ もし、そうなら保険会社は支払いに追われて破綻してしまいます。リスク発生防止（リスク管理）に万全を期しても、リスク発生はゼロにできないから危機管理（保険）があるのです。

緊急時の危機管理の目的には、リスク発生直前の発生回避とリスク発生直後の被害拡大阻止の2種類あります。

(2) リスク発生直前の危機管理

例えば、事故防止のために車を定期的に車検に出したり、運転するときは交通ルールを守って安全運転します。このようにリスク（交通事故）が発生しないように対応することがリスク管理です。

ところが滅多にリスクが発生しないと思っていたことが、今にも発生してしまいそうになることがあります。ヒヤリとしたり、ハッとする瞬間です。

例えば、突然、対向車が追い越ししようとして対向車線から飛び出してくると、衝突事故のリスクの可能性が一気に高まります。とっさに急ハンドルを切るとか急ブレーキを踏んでリスク発生の直前で間一髪、衝突を回避します。緊急時のときに、信号を守っても衝突は回避できないように、平時と緊急時ではリスク管理の方法が異なります。このように何も対応しないとリスクがほぼ１００％発生する緊急時におけるリスク発生防止対策が、リスク発生直前の危機管理です。

この他に、事故や災害とは趣を異にしますが、スポーツやゲームの試合中の選手や監督が、負けるリスクに対抗して（勝つために）、相手と攻守ところを変えて時々刻々と変化する試合の展開（状態）に対抗して戦うことなどが、リスク発生直前の危機管理としてあげられます。

⑶　リスク発生直後の危機管理

とっさに急ハンドルを切っても、急ブレーキを踏んでも間に合わなくて、衝突してしまったときは一刻も早く負傷者の救出活動をしなければなりません。このようにリスク発生を防げなかったときに、被害の拡大阻止のために直ちに取り組むのがリスク発生直後の危機管理です。

例えば、地震、火災における緊急避難などのように、リスク（被害）発生の直前と直後で対応が変わらない場合でも、危機管理の目的は全く異なります。一般に、特段区別しないで単に危機管理という場合が多いので、リスク管理者は対策に当たっては、目的がリスク発生直前のリスク回避か、直後の被害の拡大阻止かを確認することが大切です。リスク管理とリスク発生直前・直後の危機管理の対策の違いについて事例を挙げて表7-1に示します。

45　危機管理は平時の備えが大切

危機管理は、緊急時だけではなく、むしろ平時の危機管理こそ大切です。平時の危機管理とは、日頃からリスク発生直前・直後の緊急時に対する危機管理へ備えることです。

(1)　リスク発生直前の危機管理への備え

地震や津波などによる原子炉の電源喪失時のメルトダウン発生防止のための緊急炉心冷却装置の操作訓練や、野球などの日々の守備練習は、リスク発生直前の危機管理への平時の備えです。これを怠ると本番のリスク発生直前の危機管理に手間取り、リスクを発生させてしまうことになります。

表7-1　リスク管理と危機管理の対策の違いの例　（筆者作成）

対策例	リスク管理	危機管理	
	リスク発生防止	リスク発生回避	被害の拡大阻止
地震	耐震構造	緊急避難	
		緊急地震警報	救助活動
火災	防火建築	緊急避難	
		初期消火	消火・救助活動
熊	熊よけ鈴	猟銃の発砲	
		逃げる	救助活動
ガン	禁煙など		治療
交通事故	交通規則を守る	急ブレーキなど	救助活動

⑵　リスク発生直後の危機管理への備え

福島第一原発事故では、平時に過酷事故（シビア・アクシデント）発生時の原子炉格納容器のベントシステムの操作訓練をしていなかったために、事故発生時に操作に手間取ってしまいました。また、大量の放射性物質の外部放出を想定した避難訓練がおざなりになっていたので、原発周辺住民の緊急避難も大混乱に陥りました。

日頃から緊急事態を想定して、訓練して緊急事態に備えておかないと、リスク発生時に被害を拡大させてしまうことになります。

⑶　必要な二つのマニュアル作り――①リスク発生防止・回避と②回避失敗の場合に備えて

危機管理の場合は、危機の発生から終息に至るまで目の前で短時間に状況が目まぐるしく変化するところが、平時のリスク管理と大きく異なるところです。緊急事態では最優先で対応すべき事項をあれこれ考えている時間的猶予はありません。ほぼ自動的に迅速に対応するためには、平時に想像力を豊かにして想定シナリオを描き、最優先に対応すべき事項をマニュアル化しておくことが平時の危機管理として大切になります。

危機管理には想定外がありますが（☞47項）、万一の緊急事態が事前の想定シナリオと大きく乖離するとマニュアルが役立たなくなります。抽象的なリスクをいかに具体的に想定できるかが、マニュアルの成否を決定します。

マニュアル作成に当たっては、リスク発生防止・回避のためのリスク発生直前の危機管理マニュアルと、リスク回避に失敗してリスクが発生してしまった場合の被害を最小限に食い止めるためのリスク発生直後の危機管理マニュアルの二つを作成しないと、危機管理は完結しません。

(4) マニュアルは常に訓練により実行可能性を検証する

緊急時では、事態の把握と対応が急がれます。そのため、現場の状況を誰に報告するか、そして、現場への指示は誰がするかをあらかじめマニュアルで決めておく必要があります。危機管理では自己責任の入る余地をできる限り少なくすることが、統制のとれた迅速な対応を可能にします。

マニュアルの作成に当たっては緊急事態で関係する部門全体で討議しながら進めることがポイントになります。危機管理部門だけで作成すると指示が徹底しなかったり実行不可能なマニュアルになったりします。後で述べますが、緊急時の危機管理では、「独裁者」的な即断即決が求められます(☞49項)。関係者に了解を得るなどの時間的な余裕がないからです。しかし、独断専行だけでは指示が徹底しないので危機管理は機能しません。そのためには、平時の危機管理で司令塔のリーダーシップについて民主的に関係者が検討し、合意を得ながらマニュアル作りをしておくことが重要です。

これらのマニュアルを作成したら、実際に訓練で試してみて実行可能かどうか検証しておくことが大切です。マニュアルの不備を改良しながら、体で覚え込むように習熟しておくことが、緊急時に備えての平時の危機管理となります。

原子力規制委員会の審査に合格したから事故は起きないと思い違いして、原発を運転する電力会社とその周辺自治体が、平時の危機管理に万全を期さないとしたら、安全神話に逆戻りしてしまうことになります。

46 危機管理の成果は一目瞭然

リスク管理の成果はリスクが発生しない（問題なし）ことにあるので、リスク管理の有効性は気づかれにくいという特徴があります（☞15項）。また、福島第一原発事故のように、津波対策を想定外のリスクとしたためにリスク管理をしていない場合は、リスクが発生するまでリスク管理をしていない（無防備である）ことに気が付きません。

これに対して、危機管理では、間一髪、急ブレーキが間に合って事故を回避できたとか、野球で一死満塁のピンチを併殺で切り抜けたとか、リスク発生直前の危機管理の成果は一目瞭然です。

また、救急活動が功を奏して被害を最小限に食い止めたとか、対応が後手々々で被害を拡大させてしまったとか、リスク発生直後の危機管理の成果も一目瞭然です。したがって危機管理では短期間に目に見える結果を出すことが求められます。

47 危機管理には想定外がある

(1) 危機管理はリスク管理より具体的

リスクは抽象的であると前に述べたように（☞3項）、発ガン物質のリスク管理の時は、全体の発ガンリスクを減らすことが目的ですから、特定のガン患者の病状を具体的に考えても意味がありません。しかし、リスク管理をしていたにもかかわらず、ガンになって治療することになった場合の危機管理を想定してみてください。体のどこにガンが発生したのか。早期ガンなのか、進行ガンなのか、末期ガンなのか、患者の年齢など、いろいろ具体的に状況を把握しないと、危機管理に対応（この場合はガン治療）できません。このように危機管理は、リスク管理のときよりもリスク発生時の緊急事態を具体的に把握しないと機能しないという特徴があります。

(2) 危機管理には想定外がある

以上のように、危機管理ではリスク管理より具体的に緊急事態を想定して対処することが求められますが、人間の予知能力には限界があるので、どうしても事前のリスク管理時には想定していなかった緊急事態に直面することがあります。そもそも想定通りにはいかないことがリスクなのです（☞12項）。

福島第一原発事故で、全ての電源を喪失した原子炉に注水するために現場に向かった東京消防庁の消防隊は、水素爆発で高い放射線が出ている現場での被ばく量を最小限にするため、作業を迅速に終える必要がありました。そこで、事前に現場の配置図をもとに都内の河川敷で注水作業の予行演習をしてから現地に向かいました。ところが現場に到着すると想定外の事態に直面しました。現場には水素爆発で吹き飛んだ瓦礫が散乱していて、取水現場に車両が近づけなかったり、徒歩でホースを運んだり、と想定外の困難と戦いながら注水作業を行ったと言われています。

同じ震災時に、都心の帰宅難民に備蓄しておいた非常食や毛布などを配布するため近くの備蓄倉庫に向かった緊急車両が、道路が渋滞していてなかなか到着できなかったことも想定外のことでした。この他にも想定を超える高さの津波が指定避難場所を襲うということもありました。

このようにマニュアルにない想定外のことが起きても、被害を最小限に抑えるために現場で臨機応変に最善を尽くすことが危機管理の特徴です。

想定外が少ないほど実効性のある危機管理マニュアルになるわけですが、そのためには前記のような貴重な経験を伝え、共有することが欠かせません。

それでもなおかつ危機管理には想定外のことが起きると想定しておかなければなりません。そして、想定外の事態への対処を指揮する危機管理者を平時に決めておくことが大切です。もし、危機管理者がたまたま不在の時に緊急事態が発生したときは、米国の大統領が不測の事態で機能しなくなったときに自動的に副大統領がその職務に就き、それもだめなときは国務長官が就く例のように、組織の規模に応じて必ず第2、第3などの危機管理者が現場にいる状態にしておくことが必要です。

48 危機管理の必要性には誰も異を唱えない

原発事故が起きる前は、事故リスクは姿形のあるものとしては実在しません。あるのは頭の中にあるイメージだけです。したがって、現実に起きていない抽象的なリスクの重大性について、人びとの受け止め方は一様でないことが多いのです（☞3項）。

しかし、ひとたび原発事故が起きると抽象的だったリスクが現実に具体的な形となって眼前に現れます。誰でもこれは大変だ！と事態の重大性を実感して、最優先課題であるという認識で一致します。危機管理の必要性について誰も異を唱えません。

ひと頃、日本が外国から侵略されたときの対応について法的な整備が遅れているとして問題となったことがありますが、当時、有事という言葉が流行りました。危機管理とは、まさに有事の対応のことなのです。危機管理では、リスクが発生したら直ちに一致団結し、短期間に緊急事態を終息することが求められます。

49　緊急時に必要な「善意の独裁者」

(1)　司令塔は執務室に留まり踏ん張る

司令塔は現場の情報を収集し、対応に当たっては英知を結集して、迅速に判断し指示を出さなければなりません。情報の受信・発信を確保するため執務室から離れず陣取っていなければなりません。お祝い事、お悔やみには社長が駆けつけた方が有難がられますが、緊急事態の時は陣頭指揮を執る社長は執務室から離れてはいけません。現場の情報を送り指示を仰ぐのに、また、対策案や情報を届けるのに司令塔の居場所を追いかけなければならないというのは最悪です。

(2)　非日常的なルールも総動員する

緊急事態が発生すると非常事態宣言が発せられ、憲法を停止するなどの措置がとられる国もあります。そこまでいかなくても、救急車や、消防車のような緊急車両は対向車線の通行が許されているように、危機管理では、非日常的なルールを含むあらゆる手段を総動員して対処します。

(3) 緊急時に必要な即断即決

緊急時には想定していた避難場所が危険になっているなど、想定外の展開があるので、即断即決を要する場合があります。しかも、情報が錯綜していて、不確実な情報下で意思決定を迫られます。科学的知見と利害関係者とのリスコミをもとに最終的にリスク管理者が意思決定するリスク管理とは大きく異なります。危機管理には、いわば善意の独裁者が求められます。したがって、信頼されている司令塔でないと危機管理は機能しないし、指令塔を信頼しないと危機管理は機能しません。

50 必要な各層の司令塔の任務分担と指揮系統

リスク管理者を確定しないとリスク管理はできないと前に述べました（☞33項）が、緊急事態では個々人の判断ではなく、指令塔が全ての情報を掌握し、平時から用意していたマニュアルを参考に、迅速に対応を指示して、短期間に事態を終息することが求められます。しかし福島第一原発事故のように経験したことのない大惨事が発生すると、各所で想定外のことが発生してマニュアルが役立ちません。現場は大混乱に陥ります。そうした事態に対応する指令塔が危機管理者です。

それでは、緊急事態では誰が指令塔（危機管理者）になるか。それは現場のリーダー、すなわちリスク管理者です。その役割は、職場の防火責任者とは異なるのです。職場の機能を持続的に維持管理する責任者が本来のリスク管理者の職務です。そういう意味でリスク管理をしている者が、リスク発生に至る経緯を一番よく知っているので、真っ先に危機管理すべき事項の優先順位を判断できるのです。

福島第一原発事故のような大惨事の場合、現場のリスク管理者（原発所長）の権限だけでは対応し切れないため、権限外の事項についてはさらに広範な管理監督権限を有する会社のリスク管理者（社長）が司令塔になります。さらに一会社の権限だけでは対応できない事項となると、所管監督行政機関のリスク管理者（当時は経済産業大臣、さらには総理大臣）が司令塔になります。迅速な意思決定を求められる危機管理では、この指令塔が屋上屋を重ねることは厳に避けなければなりません。

それぞれの指令塔は、熟知している自身の権限に関する事項について危機管理することが鉄則です。自身の権限にない事項についてまで無闇に介入するのは危機管理とは言いません。

例えば病院の院長は病院の管理責任者ですが、だからといって緊急手術中の執刀医にあれこれ指揮命令することはしません。現場を熟知している指令塔は、執刀医だからです。

工場プラントの災害発生のときも同様で、所管監督官庁がどこのバルブを閉めろとか、あれこれ指揮命令しないし、できません。そのような現場のプラント操作を普段やっていないからです。

しかし、このように常識的に判断できる場合は問題ありませんが、福島第一原発事故のような滅多に起きない大規模な緊急事態になると、上層の指令塔が責任感から熟知していない事項にまで現場の指令塔に指揮命令しようとしたり、逆に現場の指令塔が自ら判断すべき事項であるにもかかわらず間違ってはいけないと思って、さらに上層の指令塔に指示を仰いだりして、混乱が生じることがあります。こうした事態を避けるために各職責における指令塔の指揮命令事項をあらかじめ明確にしておかなければなりません。緊急事態では、この原則のもとに現場と上層の指令塔間で意思疎通（コミュニケーション）と役割分担が欠かせません。

51　安全性の判断はリスク発生直後の危機管理の信頼性で

「当ホテルは防火建築です。防火対策には万全を期しておりますので、非常口もスプリンクラーも設置しておりません。どうぞ安心してお泊まりください」とホテルのフロントで言われたら、あなたは安心して泊まることにしますか。いくら防火建築でも、非常口もスプリンクラーも付いていなかったら、心配になりませんか。

この場合、防火建築は火災防止対策だからリスク管理に対応します。非常口やスプリンラーは、火災が発生したときの被害の拡大を防ぐための対策で、リスク発生直後の危機管理に対応します。あなたは防火建築だから安全対策は万全だというホテルよりも、リスク（火災）発生直後の危機管理として非常口やスプリンクラーも付いているホテルを選択すると思います。リスクの発生はゼロではないからです。最後の砦が頼りないと思えば、あなたはこのホテルは安全でないと判断すると思います。

小さい子供を持つお母さんが「今度、引っ越す所は病院が近くにあるから安心です」というのは、病院が近くなら病気になったときすぐ病院で診てもらえると思うからです。病気にならないように予防（リスク管理）することは大切ですが、病気になったときの病院（リスク発生直後の危機管理）がないと安全は確保できないのです。リスク発生直後の危機管理は安全確保の最後の砦なのです。

最近、「津波対策は防災だけでは限界がある、減災の考えも必要だ」と言われるようになってきましたが、減災対策とは津波被害の拡大を防ぐためのリスク発生直後の危機管理のことなのです。

問題となっているリスクの安全性は、リスク発生直後の危機管理で被害をあなたの許容範囲内に抑えられるかで判断すべきなのです。

ところで、「車が安全だと言えるのはリスクがごく稀にしか発生しないからだ」と述べました。しかし、ここでは「安全性はリスク発生直後の危機管理の信頼性で判断すべき」と言っています。一体どっちが本当なのかと思うかもしれません。

前にも述べたように、毎年、自動車事故で４０００人が亡くなっていても車の使用が禁止されないのは、社会が自動車事故のリスクを許容しているからです。

つまり、自動車事故の例は、許容できるリスクの安全について述べているのに対して、ここでは、そもそも許容してもよいリスクかどうかを判断する方法について述べている点が違うのです。

52 活かされなかった東海村ＪＣＯの臨界事故の教訓

(1) 福島第一原発事故の10年以上前の教訓

今日では原子力事故といえば２０１１年3月11日に起きた福島第一原発事故を思い起こしますが、さらに10年以上も前の１９９９年9月30日に、茨城県東海村の核燃料加工会社ＪＣＯで核燃料を加工中にウラン溶液が核分裂連鎖反応を起こす臨界事故が起きました。

臨界事故は決められた作業マニュアルを守っている限り、本来起き得ない想定外のこととして、臨界事故に対する危機管理は全く用意されていませんでした。ところが現場の作業員は、核燃料加工の作業効率を上げるために、日常的にマニュアルで規定された量を超える大量の溶液を処理していました。ところが処理量が限度を超えたために臨界事故が起きてしまったのです。作業員には決められているマニュアルを守らないと最悪の場合に臨界事故が起きることは知らされていませんでした。マニュアルがあっても形ばかりで使われていなかったのです。

この事故により至近距離で強度の放射線を浴びた作業員3名のうち2名が死亡、1名が重症を負ったほか、周辺住民など700名近くが被ばくしました。人的被害だけではなく農作物の風評被害も今回の福島第一原発事故と同様に起きました。事故を起こしたJCOは核燃料加工の免許取消処分を受けました。

現場にただ行って帰ってくるだけでも、普通の人が一生浴びる放射線量の何十倍もの強い放射線を浴びてしまう状況で、急遽編成されたJCOの決死隊が冷却水を抜き、ホウ酸を投入して、事故発生20時間後にようやく連鎖反応を止めました。その間、被ばくした作業員の救出、JCOで何が起きているのか分からないまま恐怖にかられた周辺住民の緊急避難など、自治体関係者はそれまで全く想定していなかった事態への対応に追われました。

この事故について筆者が2002年に指摘していたこと（「リスク管理と危機管理」『Quality』No.141、2002年、昭和シェル石油（株））が、活かされずに同じことが2011年に福島第一原発事故で繰り返されたのです。以下の⑵、⑶に該当する箇所を原文のまま紹介します。

⑵ 指摘1 リスク管理と危機管理の一体性を

《食品添加物は発ガン性を心配する必要がないほど確率の小さいものしか許可されていないから毎日食べても心配ありません、ということでガンの治療法の研究はしなくてもいいということにはならない。発ガン防止のリスク管理をするなら、それが現実のものとなった場合の危機管理についても、すなわちガンの治療法についてもマニュアルを作っておく必要がある。このように、リスク管理の対象は、必然的に危機管理の対象となる。また、危機管理の対象となったものは、未然防止のためリスク管理を行う必要がある。

しかし、リスク管理と危機管理の一体性についての理解はまだまだ不十分のようである。東海村のJCOの臨界事故を契機に原子力事故の未然防止体制（リスク管理）の強化が叫ばれているが、危機管理も同時に行わないとリスク管理は完結しないのである。

JCOの臨界事故は、決められた作業手順を守っていればという前提条件のもとでは本来起き得ないことであったので、臨界事故に対する危機管理は全く用意されていなかったといわれている。この前提条件の徹底がリスク管理なのである。臨界事故防止のリスク管理をしているからこそ、臨界事故は想定外ではなくて想定内なのである。リスク管理が対象としていることについては危機管理のマニュアルを作成しておく必要性をこの事件は如実に示している。

臨界事故発生時の対応マニュアル（危機管理）を用意したら周辺住民の恐怖感を煽るということで危機管理を退けるとしたら臨界事故を未然に防止する緊張感が薄れ、常日頃のリスク管理が徹底しなくなるのである。飛行機の離陸前には必ず緊急時の対応について説明がある。酸素マスクが天井から自動的に降りてくるとか、ライフジャケットの着用のしかた、機外への脱出方法などである。説明を聞いて飛行機は命がけで乗るものと思う人はいないであろう。このような説明を取り入れ始めた頃は恐らく乗客に少なからず恐怖感を与えたに違いない。しかし今となっては緊急時の対応が出来ていない飛行機に乗る方がよほど恐怖にかられるに違いない。危機管理をしようとすると、そんなに危険なものなのかと思われがちである。だからといってリスク管理だけをして危機管理をしないとしたら、自動車の安全性を強化するだけで、交通事故の救急体制を整備しないようなものである。》

(3) 指摘2　リスク管理と危機管理の目的を踏まえた意志決定を

《リスク管理と危機管理の目的の違いを理解し峻別することは、ダイオキシンや環境ホルモン問題等の環境問題、原子力問題、金融システムの安定化、薬害防止、防衛問題などあらゆる安全対策に必須の概念であると言えよう。社会的コストを最小にして安心で安全な21世紀の社会を実現するためには、リスク管理と危機管理の目的を踏まえた意志決定がま

すます重要になっている。》

53 福島第一原発事故後もまだ生きている「安全神話」

(1) 「危ないから危機管理が必要」という思い違い

以前ホテルの例（☞51項）を書いたのを読んだテレビ局の人から、思い違いされて「先生、原発の再稼働は安全ではないという話をしてください」と収録を申し込まれたことがあります。「ちょっと待ってください！　リスク発生直後の危機管理の必要性を言っているのであって、再稼働は危ないと言っているのではないのです」。すると「それなら先生は、再稼働に賛成なのですか」と聞かれました。

このテレビ局員は、「電力会社に対して、原発の過酷事故防止（リスク管理）のために万全を期すことを求めていながら、他方で過酷事故が発生した場合の危機管理の話をするのは矛盾していないか、そもそもリスク管理があてにならないからではないか」、と思っているのでしょうか。もし、そのように思っているとしたら、それは安全神話に逆戻りする発想です。原発の安全神話の崩壊から学んだことは「事故は起こりうるもの」ということだったはずです。

各種保険は、リスク管理がいい加減だから存在するのではなく、いくらリスク管理を徹底していてもごく希にリスクが発生することがあるから存在するのです。リスク管理の徹底を前提に保険制度は成り立っていますが、リスク管理がいい加減だったら支払に追われて破綻してしまいます。原発についても、整備不良は問題外としても、使う以上はリスク発生直後の危機管理を整えることを常識と考えないかぎり、原発はますます危険な存在となってしまいます。

⑵「非常口の審査を受けていないホテル」に泊まっている原発周辺住民

a 未だ国際標準に達していない原発周辺住民の安全審査

規制委員会の審査は、対策①原発が事故を起こさないようになっているか、対策②万一、原発事故が起きても、被害が原発敷地内（オンサイト）で食い止められるようになっているか、について行われます。いずれも電力会社の原子炉など原発施設に関するものだけに止まります。原発周辺住民の危機管理（原発事故時の緊急避難方法など）については、審査する仕組みにはなっていません。

規制委員会ができて日本の原発の規制基準もようやく国際標準並みになったと言われていますが、本当でしょうか。国際原子力機関（ＩＡＥＡ）の基準と日本の対応状況を比べてみると、表7-2に示すように、対策①がＩＡＥＡ基準の第1〜3層に相当する原発の事故防止対策（リスク管理）です。対策②がＩＡＥＡ基準の第4層に相当し、これまで電力会社の自主的対応に任されていた過酷事故が起きた時の防護対策（危機管理）です。ところがＩＡＥＡの基準は第5層まであります。それは、万一、原発事故の被害を原発敷地内（オンサイト）で食い止められなかった場合の原発周辺住民の緊急避難など原発施設外（オフサイト）の危機管理です。これを対策③とすると、対策③はまさに原発周辺住民の「非常口」となるものですが、対策①，②のように規制委員会の審査を受ける仕組みにはなっていないのです。規制委員会の審査（①と②）に合格しても、原発周辺住民は「非常口の審査を受けていないホテル」に泊まっている状態に置かれることになるのです。

原発周辺住民の安全は緊急避難だけ考えれば十分ではないとしても、例えば原発事故が発生したら、どうすればよいか住民が知っていなければ避難用の「非常口」を確認したことにはなりません。しかし、これは口で言うほど簡単なことではありません。福島第一原発事故では、避難する車で渋滞する道路、入院患者の

表７－２　IAEA の基準と日本の対応状況（新および旧）

対策		IAEAの基準			日本の対応状況	
		運転状態	多重防護レベル	目的	規制委員会の審査（新）	旧保安院の審査（旧）
事故発生防止	対策①	通常運転	第１層	異常運転及び故障の防止	有り	有り
		予期される運転時の事象	第２層	異常運転の制御及び故障の検出	有り	有り
		設計基準事故及び複合した運転時の事象	第３層	設計基準内の事故の制御	有り	有り
危機管理	対策②	過酷事故発生時	第４層	原発施設内における危機管理(事故の進展防止及び過酷事故の影響緩和)	有り	無し
	対策③	過酷事故発生後の状況	第５層	原発施設外における危機管理(放射線影響の緩和)	無し	無し

出典：ＩＡＥＡ基準の動向　－多重防護（５層）の考え方等－　平成 23 年３月２日「(独）原子力安全基盤機構と従来の日本の多重防護（３層）の考え方」、平成 12 年版『原子力安全白書』（平成 13 年５月）原子力安全委員会をもとに筆者作成

避難で患者および医療関係者とその家族に重くのしかかる負担など、実証済みです。原発事故による被ばくで亡くなった人はいないと言われることがありますが、被ばくから逃れるための緊急避難で、大熊町の病院では入院患者の搬送中や搬送後に50人が死亡したと言われています（『メディカルトリビューン』「あなたの健康百科」２０１１年11月2日）。

実は、対策③は、規制委員会のような国の独立機関による審査がなかっただけで、原発事故が起きる前から関係自治体にはありました。その対策とは、現在もそうですが、知事や市町村長が策定した地域防災計画「原子力災害対策編」（県分、市町村分）と言われるものです。地震や台風などの自然災害に対しても同様に「震災対策編」、「風水害対策編」が策定されていて、実際に地震や台風などの災害時にはこの計画に基づき警察、消防、自衛隊が出動して、救援活動が実施されています。しかし、福島第一原発事故の際には周辺住民の避難誘導が後手後手になったことを見れば、従来の地域防災計画「原子力災害対策編」は住民の「非常口」として機能しなかったことは明らかです。

b　規制委員会等は指針やマニュアルは作るが審査せず　新たに策定し直すことになった地域防災計画「原子力災害対策編」は、規制委員会が策定した「規緊急事態における原子力施設周辺の住民等に対する放射線の影響を最小限に抑える防護措置を確実なものとするための指針」をもとに、災害対策を担当する内閣府・消防庁が策定した「地域防災計画作成マニュアル」

を参考にして、原発周辺自治体の知事や市町村長が作成することとされています。しかし、肝心の審査については、指針を策定した規制委員会やマニュアルを策定した内閣府・消防庁が審査する仕組みにはなっていないのです。

米国では、米国原子力規制委員会（ＮＲＣ）及び連邦緊急事態管理庁（ＦＥＭＡ）が共同で指針「原子力発電所支援のための放射線緊急事態への対応計画及び準備の作成・評価の基準」を策定し、ＮＲＣが定めた区域内の州・地方自治体に計画の策定を求めています。ここまでは日本も米国と同じと言えますが、ここからが米国は違います。州・地方自治体の策定した計画についてＦＥＭＡが所見と判定をＮＲＣに送り、最終的にＮＲＣが審査して、パスしないかぎり原発の運転を許可しない仕組みになっています＊。

＊原子力安全委員会原子力施設等防災専門部会防災指針検討ワーキンググループ（第1回会合）平成23年7月27日、資料：「防ＷＧ第1-7号、JAEA -Review 2010-011 原子力緊急事態に対する準備と対応に関する国際動向調査及び防災指針における課題の検討」（日本原子力研究開発機構　安全性研究センター　原子力エネルギー関連施設安全性評価研究ユニット　木村等）

このように米国ではＮＲＣが①から③までリスク管理と危機管理の安全規制を一貫して担当しています。米国の規制の仕組みは国際原子力機関（ＩＡＥＡ）の基準の考え方に合致したものとなっていますが、日本の原発規制は、政治から独立した規制委員会が設置されたとは言え、まだＩＡＥＡ基準の第５層に対応する③原発周辺住民（オフサイト）の危機管理については、政治家である原発周辺自治体の首長の策定に任せたままになっているのです。

原発周辺自治体の首長は、地域における政策の優先順位を考えて意思決定する政策責任者なので、その立場を離れて、規制委員会のように「何ものにもとらわれず」安全性最優先に地域防災計画「原子力災害対策編」の審査の役割まで果たすといった一人二役は不可能です。別途、独立した国の機関が審査すべきです。この審査がないために、原発のリスク管理と危機管理の一連の安全対策の最終審査が完結しないままになっています。

c　未だ福島第一原発事故の教訓に学ばない原発再稼働の方針

国は、平成30年７月に閣議決定されたエネルギー基本計画の中で、原発の再稼働について、

「原子力規制委員会により世界で最も厳しい水準の規制基準に適合すると認められた場合には、その判断を尊重し原子力発電所の再稼働を進める。その際、国も前面に立ち、立地自治体等関係者の理解と協力を得るよう、取り組む。（中略）また、東京電力福島第一原子力発電所事故の教訓を踏まえて、そのリスクを最小限にするため、万全の対策を尽くす。その上で、万が一事故が起きた場合には、国は関係法令に基づき、責任をもって対処する」

と言っていますが、ＩＡＥＡ基準の第５層に対応する③原発周辺住民（オフサイト）の危機管

理について国が責任を持って審査しないまま、再稼働する方針を決定したことになります。「安全性はリスク発生直後の危機管理の信頼性で」判断するとは（☞51項）、核燃料加工会社ＪＣＯの臨界事故や福島第一原発事故の教訓であったはずですが、国の方針は、いまだに教訓を学んだとは言えません。

54 危機管理は怖いけど避けて通れない

危機管理はリスク発生直前と直後の緊急事態への対応に関するものです。当然、そのような緊急事態は滅多に起きない最悪な事態に関するものなので危機管理マニュアルの内容は非日常的な、想像を絶するような恐ろしいことも想定しなければなりません。危機管理の説明は、聞きようによっては恐怖心を煽るような結果にもなりかねないのです。

ホテルの場合は、火災発生時の危機管理として非常口やスプリンクラーの設置程度の話で済みますが、原発建設の地元説明会で、「万一、原発事故が起きた時は、周辺住民の皆さまには直ちに緊急避難していただかなければならないことがあります。お子様のおられるご家庭にはヨウ素剤を事前配布させていただきます」などと説明すると、理解が得られるどころか逆に「そんなに怖いのなら原発は要らない」といった拒否反応ばかりを引き起こすことになりかねません。

だからと言って最大の被害を想定した危機管理の説明をしなければ、リスク発生に備える日頃の被害想定訓練の大切さも認識されなくなります。その結果、本当にリスクが発生したときに危機管理が機能しないことになります。このことは福島第一原発事故で実証済みです。甚大な被害を受ける可能性のある地元住民側は、リスクが許容範囲内にあるかを判断するために、リスク管理のみならず危機管理についても事業者側に説明を求めることが大切です。

危機管理が機能せず被害が拡大すれば、地域社会が甚大な損害を被るのみならず原因事業者にとっても事業存続の危機に陥ることになるのは、福島第一原発事故の例を見れば明らかです。危機管理の内容は怖いけれどもリスク管理と共に危機管理は避けて通れないのです。

55　責任追及は危機管理の後で

緊急事態が発生すると、なぜ日頃からちゃんと対策をしていなかったのかとか、初動対応に問題がなかったかとか、その責任をどう感じているか、といった類のコメントがマスコミを通して流れます。

危機的状況を的確に把握すること、最善の対応策を考えて、迅速に実行に移すことが、司令塔、リーダーの務めです。しかし緊急時の危機管理には想定外の展開もあります。危機管理では、善意とは言え「独裁者」的な行動をとらざるをえないこともあるので、一番後悔しているのは司令塔、リーダーかもしれません。

しかし、後悔している場合ではないのが危機管理です。そのようなときに、何故あのような対処をしたのか、というような責任追及は危機管理を妨害するだけです。火事が起きたら先ず消すことに集中すべきです。消火中の人に、なぜもっと早く駆けつけなかったのかとか、出火責任、再発防止策、補償責任などの話を持ちかけるようなもので、厳に慎むべきです。それらの問題は消火作業が終わってから、本格的に取り組む事項なのです。

もちろん「善意の独裁者」の言うことを黙って聞け、ツベコベ言うな、と言っているのではありません。文句を言う前にリーダーに対して事態解決に向けた実行可能なより良い提案の方を優先させるべきです。また、時宜を得た提案をしやすいように司令塔は、原因を究明中とか、原因を断ち切れないで被害が拡大中とか、速やかに緊急事態の実態を周知することが大切です。

普段、テレビ取材などで当事者に鋭く迫るマスコミ、国会で舌鋒鋭く政府の責任を追及する政治家、テレビで辛口コメントする評論家、健康影響や対策の専門家も、緊急事態にあっては先ず事態の迅速な解決に役立つ提案が求められるのです。

56 リスク管理と危機管理の特徴一覧と具体例

危機管理はリスク管理とはかなり様相が異なっています。しかし、具体的な案件に遭遇すると意外に両者の判別に迷うことがあります。講義をする前に学生に質問すると、いろいろな説

表７−３　リスク管理と危機管理の特徴　（筆者作成）

	リスク管理	危機管理	
目的	リスク発生防止	リスク発生回避	被害の拡大阻止
リスク発生の可能性	極めて小さい、不確実	リスク発生直前	リスク発生直後
リスクの具体性	想定されているだけで抽象的	想定されたリスクが現実となって具体化する，想定外の具体化もある	
安心	リスク発生の可能性が極めて小さいと思う	危機（リスク発生）への対応が十分であると思う	
対策の優先順位	人、社会により異なる	誰でも最優先事項と認識	
対応期間	常時、定期的	緊急、短期間	
個人的対応	意識的、無意識に各自が対応	緊急事態と認識して想定シナリオで各自の判断で対応	
社会的対応	社会的合意にもとづく規制を守る（交通信号）	非常時の規制（緊急車両の優先通行）、指揮命令に従う（避難指示）	

表７−４　リスク管理と危機管理の例　（筆者作成）

対策例	リスク管理	危機管理	
	未然防止対応	リスク回避 緊急対応	被害拡大阻止 緊急対応
地震対策	耐震構造建築	緊急避難	
			救急活動
火災対策	防火、耐火建築	初期消火	消火活動、 救急活動
登山での熊対策	熊よけ鈴	猟銃の発砲	
			救急活動
ひったくり対策	荷物を道路と反対側に持つ	叫んで、助けを求める	
ガン対策	バランスの取れた食事をする、タバコをすわない		治療
インフルエンザ対策	予防接種を受ける	外出を控える	治療
交通事故対策	交通規則を守る	急ブレーキをかける	救急活動

が出てきて、ほとんど混乱状態になります。ここで両者の違い、特徴をはっきりさせるため大胆に整理し、一覧表にしたものを表7-3に、具体例を表7-4にまとめてみました。

第8章　リスク・コミュニケーションの心得

57　リスク・コミュニケーション（リスコミ）とは

リスク・コミュニケーション（リスコミ）という言葉を聞いたことはあると思います。リスク（risk）とは「起きては困ることが起きる可能性」。コミュニケーション（communication）とは「お互いの双方向の意思疎通」ですが、一言で表す適当な日本語訳がないので、どのようなことなのか、いまいちピンとこないかもしれません。

環境省の化学物質のリスク管理に関する一般市民向けのパンフレット『化学物質に関するリスク・コミュニケーション』の定義には、「環境リスクなどの化学物質に関する情報を、市民、産業、行政等のすべてのものが共有し、意見交換などを通じて意思疎通と相互理解を図ること」などと説明されています（http://www.env.go.jp/chemi/communication/9.html）。

この種のリスコミの定義として専門家に引用されるのは、米国研究審議会（ＮＲＣ：National Research Council）の報告書（Improving Risk Communication、１９９７年、邦訳：『リスクコミュニケーション　前進への提言』、林・関沢監訳、化学工業日報社）の中にある次のような記述です。

「リスク・コミュニケーションとは個人や集団、組織の間で情報や意見を交換する相互作用のプロセスである。

それは、リスクの特質についての多種多様のメッセージや厳密にリスクについてでなくても、関連事項や意見、リスクメッセージに対する反応や、リスク管理のための法的、制度的対処への反応についてのメッセージを必然的に伴う」

専門家の報告書なので堅苦しい表現になっていますが、前段部分がリスコミの定義です。先の有害化学物質のパンフレットなどでは一般向きの表現になっていますが、上の報告書は、それを化学物質以外にも一般化して定義、説明したものです。そこで定義されている「相互作用」のプロセス（過程）とは、情報や意見を交換して「お互いに影響し合う」プロセスという意味で、リスコミの重要な特性を示すものです。また、定義にある「個人や集団、組織」とは、リスコミの話によく出てくる利害関係者のことです。

後段部分は、定義の補足説明なので引用から省略されることが多いのですが、リスコミで交換される情報や意見の内容を一般化して述べたものです。いわばリスコミのテーマというべきもので、大変重要な部分です。

58 リスコミのテーマ

一連のリスク管理のプロセス（「リスク管理の手順」☞32項）に、行政、事業者、住民などの利害関係者が関与することが、リスコミのプロセスです。どのように関与するかは、事案ごとに異なるので、先ず一連のリスク管理の各段階（①～⑥）にリスコミのテーマとなりそうなものとしてどのようなものがあるか、以下に例示します。具体的なテーマは事案ごとに、利害関係者の関心の度合いなどによって決まります。

①　問題の明確化と性格付け

問題を洗い出し、問題の背景と課題を探る際に、

・利害関係者を確認する　どんな組織（行政、企業など）、団体が関係するか。

・リスク管理の目標を確認する　有害な影響の発生率を減らす、失業を引き起こさないでリスクを減らす、絶滅の危機にある種を保護するなど。

・リスク管理の責任者（リスク管理者）を確認する　法的義務のある行政、企業など。

・利害関係者を関与させるプロセスを確立する　関与の場を設ける。

②　影響評価（リスク分析）

問題に関するリスクを分析する際に、

・利害関係者は問題となっているリスクの科学的な側面と主観的、文化的、相対的な側面について、リスクの自らへの影響について理解を深める。

③　選択肢の検討

リスクに取り組む選択肢を検討する際に、

・規制、誘導策、モニタリング、研究など対策の選択肢について、それらの概要とメリット・デメリットを検討する。

・便益・費用とそれらの公平性、実施可能性、対策の副作用（逆効果）などを検討する。

・こうして各利害関係者は、自らへのリスクの影響を防ぎ、かつ費用負担の少ない選択肢を理解する。

④ 対策の意思決定

どの選択肢を実施するか決定する際に、

・リスク管理者は、複数の選択肢の中から選択肢を選択した理由を説明し、市民、企業など利害関係者の意見を参考に最終決定する。

⑤ 対策の実施

決定したことを実施する際に、

・リスク管理者は、意思決定した対策を実施に移すとともに利害関係者に実施状況を情報公開して、説明し意見を聞く。

⑥ 結果の評価

・何を評価するか、その評価基準はどうあるべきかを議論した上で、結果を評価する。

全ての段階にリスコミのテーマがあります。それらについて利害関係者が関与して関連情報や意見の交換を行うことがまさにリスコミなのですが、リスコミのタイミングは決まっていません。利害関係者がなるべく早期に問題点を把握する意味で、①の段階で積極的に関与することが、その後のリスコミのタイミングを設定する上で大切です。

59 リスコミの形態

リスコミは双方向の対話と言われることがありますが、リスコミ会場があるものから、マスコミやネットを介したものまでリスコミの形態は多様です。実施されるタイミングやテーマについても、例えば前項④の段階で①～④に関して、関心の高いテーマについてリスコミを行うもの、あるいはどの段階のどのテーマかは、関心を持った時、適宜、日常的に取り上げ、行うリスコミもあります。以下にいくつかリスコミの例を挙げます。

(1) リスコミの主催者が行政の場合

行政が政策について国民の意見を求めるために行うパブリックコメント（パブコメと略称することがあります）と呼ばれるものが、広い意味でリスコミに該当します。国が規制を行う際に規制案の段階（④に対応）で一般から意見を求め、意見を取り入れて案を改定する場合もあれば、原案通りとする場合はその理由を公表するものです。ネットで案が公表されるので誰でも意見を言えるようになっています。パブコメにより国は多くの利害関係者の意見を聞くことが可能になりますが、意見に対する国の対応方針が示されてパブコメは終わるので、国と意見提出者との意思疎通は限定的にならざるをえません。

また、行政が政策について国民の理解を求めるために行うリスコミがあります。原発の再稼働について安倍総理が、規制委員会の審査に合格した原発は再稼働する方針であるとして、リスコミをしっかり進めて住民の理解を得ていきたいと表明していますが、この場合は、行政と住民など利害関係者にとって関心の高いテーマについて、日常的に適宜行うものです。政府だけでなく電力会社が行うリスコミも含まれます。

国、自治体が法案や条例案を策定する際に専門家、関連業界、消費者など各界の利害関係者の代表で構成される審議会で通常1～2年かけて検討をしてもらいますが、これもリスコミです。テーマは案件によりますが、多くの場合広範囲にわたります。審議会は原則公開で、議事録も公開されます。その後、法案や条例案が国会や地方議会に提案される前に、先に述べたように国民あるいは自治体住民にパブリックコメントを求めることになります。

(2) リスコミの主催者が事業者の場合

事業者が利害関係者の理解を得ながら円滑に事業を実施するために行うリスコミがあります。一般に事業者による住民説明会と呼ばれるものが該当します。

環境アセスメントの手続きでは、環境影響に関するものに限定されますが、事業実施（空港、埋め立て、高速道路、発電所など）の許認可を申請する前に、事業者がリスコミの主催者となって事業計画案（④に対応）について利害関係者（住民、地元自治体）から意見を聞くパブリックコメントと同様の手続きが法令で定められています。

原発の事業者が、規制委員会の審査に合格した原発の再稼働について地元自治体や住民などに説明する場合は、ニュースなどでご存じの通り原発の安全対策と共に事故時対策など地元関係者の関心事項が中心的なテーマになります。

また最近は少なくなりましたが、工場から有害物質が地下水に漏れて地下水汚染を引き起こした場合に、その工場が周辺住民に汚染状況、健康影響、対策など周辺住民の不安に対応するために行う説明会もリスコミです。この場合は住民の心配に対応する形で、対策前は①〜④、対策実施以後は状況報告として⑤、⑥のテーマが中心になります。

(3) 国会、地方議会もリスコミの場

国会や地方議会で行われる原発リスクや大地震対策など行政の政策・方針に関する質疑もリスコミです。この場合は、一般市民は傍聴が可能ですが、リスコミには参加できません。議員が支持してくれた有権者を代表してリスコミのテーマ（質問内容）を決めて行政とリスコミしていることになります。

(4) マスコミなどを介しての間接リスコミ

これまで見てきたように、主催者との直接対話のリスコミは、テーマはより具体的になりますが、機会が限定的にならざるをえない事情があります。一般的には、政策や事業の実施責任

者（リスク管理者）は、リスコミを主催するだけでなく、ネットで関連情報を公開したり、マスコミを通じて広報しています。一般市民はマスコミを通じて概略を知ることができます。さらに詳しく知りたいと思えばネットを見て関係情報を入手します。一般市民の声はこれらの情報をもとに、パブリックコメントとしてリスク管理者に届けるという間接的なリスコミになります。

⑸ 利害関係者同士のリスコミ

読者の皆さんも活用しているのではないかと思いますが、原発の再稼働など国民的な関心事項についてマスコミやネットを通じて得るリスク管理者以外の消費者や事業者など利害関係者や専門家、評論家からの賛成・反対のコメントは、自分が考えていなかったメリットやデメリットを気付かせてくれます。リスク管理者との対話ではありませんが、問題となっているリスクについて許容度を判断するのに大変有益な情報を提供してくれるものです。上記四つのリスコミの際にも活用されるもので、最も一般的で実行可能なリスコミです。

60 リスコミの主催者と市民

⑴ リスコミにおける市民の立場

このように、リスコミは、国、原発事業者などのリスク管理者が、政策や事業などについて、利害関係者の理解を得る目的で行われることが分かりました。説明を聞く側の利害関係者には消費者、企業経営者などさまざまな立場の人がいますが、ここでは、政策や事業が実施されると健康リスクなどの影響を受ける可能性のある消費者など、一般市民の立場でリスコミへの対応について考えることにします。

「一般市民の立場」とは、リスコミ主催者の説明を聞いて、リスク管理だけでなく、政策や事業が実施されて事故などリスクが発生したとしても、リスク発生直後の危機管理で対応できる、リスクが許容範囲内にあることを見極めることです。ここが一般市民の立場の最大のポイントですから、主催者は、リスコミでリスクが一般市民の許容範囲になることを目指さないと的外れになります。

(2) 主催者は専門家、一般市民は素人

リスコミを主催する方は、当然ながら専門知識や関連情報を豊富に持っていますが、説明を聞く方の一般市民は、初めて聞くことなので、専門知識や情報量が段違いに少ないか、場合によっては皆無に近い素人という特徴があります。議員が議会で質問するには事前勉強が欠かせません。議員の場合は、それが仕事ですから当然と言えますが、一般市民にとってはことさらに勉強しなくてはなりません。リスコミの主催者側に対して一般市民が対等に議論するにはかなり不利な条件の下でリスコミはスタートすることになります。それを克服してリスコミの定

義にある「情報や意見を交換する相互作用のプロセス」の域に達するには、主催者と市民の双方にかなりの努力と忍耐が求められます。以下に市民にとってのリスコミとの付き合い方について述べます。

61 リスク管理者とリスコミ参加者との信頼関係の醸成

前項で「リスコミにおける一般市民の立場とは、リスコミ主催者の説明を聞いて、リスク管理だけでなく、政策や事業が実施されて事故などリスクが発生したとしてもリスク発生直後の危機管理で対応できる、リスクが許容範囲内にあることを見極めることです」と述べましたが、誰でも初めから問題となっているリスクについて判断材料なしに許容範囲を判断できません。判断に迷ったら、信頼できそうな人から判断材料を得ようとします。その入手手段として、リスコミ主催者による政策や事業に関するリスコミがあります。

例えば原発の再稼働についての場合、リスコミが理想的に行われれば、関連するリスク情報に関して専門家が揃っている電力会社と非専門家の一般市民との間に、必要なリスク関連情報の理解度の差異はなくなるはずです。リスコミは、問題となっているリスクに関し市民の判断材料の強力な入手手段となる可能性を秘めていると言えます。

ただし、リスコミが「理想的」に行われればと条件を付けたのは、市民が主催者側（電力会社）を信頼していることが条件だからです。もし信頼していなければ、いくら主催者が判断材用を提供しても、「どうせ都合の悪い情報は隠しているのだから」と信用しません。この場合は、市民側の先入観ですが、主催者側にも、市民はリスクに過剰反応して冷静な対話ができないなどの先入観があると、市民の質問に対して奥歯にものが挟まったような対応になりかねません。双方に先入観があるとリスコミが機能しなくなります。

リスコミでは、主催者の説明は欠かせませんが、先ず、双方が相手の先入観を取り除くことに重点をおいて始めると心得た方が、リスコミはうまくいくと思います。専門知識を持ち合わせない市民は、説明の信ぴょう性の判断はできなくとも、主催者が疑問、質問に誠実に応えようとしているか、その姿勢、態度で信頼性を判断できます。

主催者側が市民の期待に積極的に応えて、両者の信頼関係が対話を重ねるにつれて醸成され、本音で対話できるようになれば、リスコミが市民の判断材料の入手手段として機能を発揮します。

そして、事業がもたらすリスクが許容範囲内であると市民が判断すれば、リスコミの主催者の事業に対する市民の理解が得られることになります。

62　リスコミの活用法と効用

われわれ専門外の一般市民が安全性を判断する場合、どの程度の影響がありそうか、マスコミのニュースなどを見聞きした情報をもとに、「これは危ないから避けよう」とか、その程度なら「まあ良しとするか」という具合に、自分自身のリスクの許容しやすさ（許容度）にもとづいて、日々、さまざまなリスクの安全性を判断しているのが実態と思います。

このような安全性の判断の仕方をリスク管理の考え方で説明すると、例えば、発ガン物質の場合は（図８－１）、発ガン物質を少しでも摂取すれば発ガン確率はゼロにはならないので、もし、ゼロにしようとすれば使用を禁止しなければなりません。禁止するまでもないとすれば、Ａなら安全と思うか、Ａより発ガン確率の高いＢでも十分に安全と思うかを判断することになります。

規制値は、このような考え方で決められていま

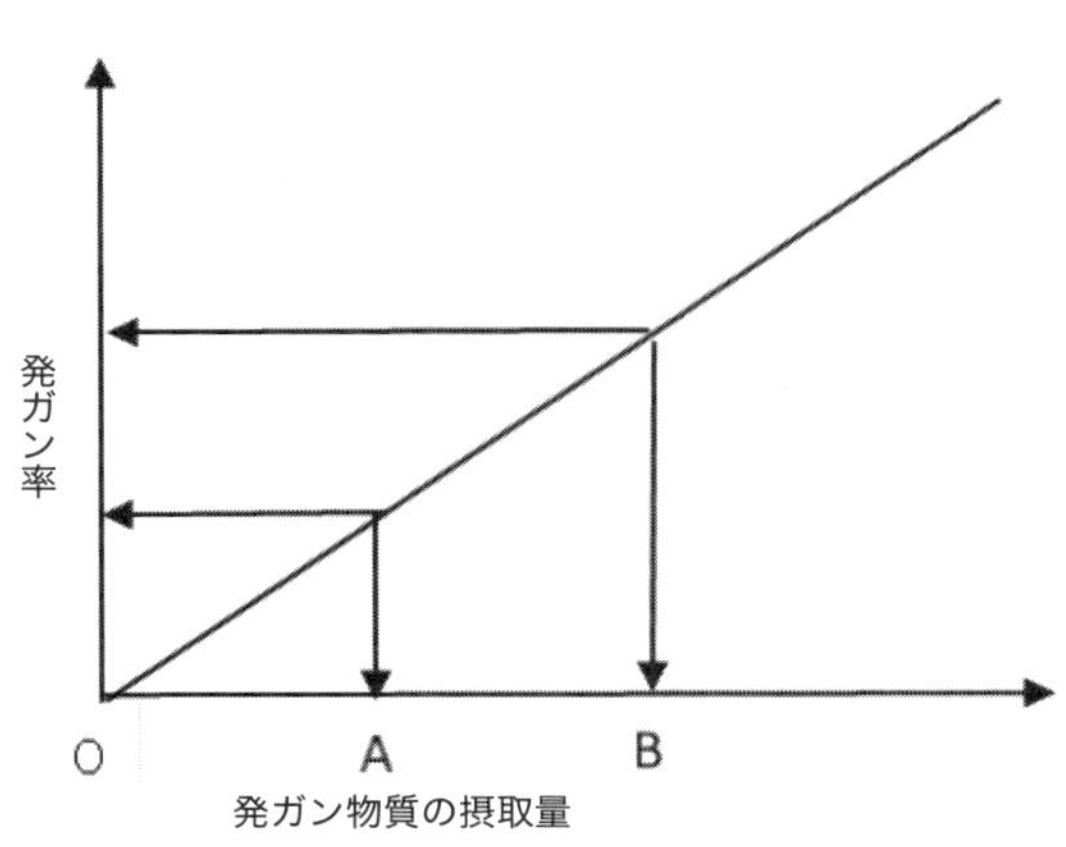

図８－１　発ガン確率と規制値　（筆者作成）

す。「一般市民はそんなことまで、いちいち考えて安全性を判断しているわけではない」という意見もありそうですが、ふつうは、「食品中に発ガン物質を検出」などというニュースが報じられたりすると不安に感じて、科学的な根拠などについて知りたくなります。それに応えてくれるのがリスコミです。

しかし、リスコミしても正解が得られるわけではありません。リスコミで入手した関連情報を検討した結果、あなたの意見がAのように厳しいものになったとします。他方、その物質を有効利用しているメーカーや販売店は、対策費用の負担分だけコスト増になる、その結果、販売価格も高くなるからAより緩いBにすべきと主張するといった、別の意見のあることもリスコミから知ることができます。リスコミは、社会の他の利害関係者がどのような意見を持っているかを知る機会でもあります。リスコミを重ねることで、前より広い見地から自分の意見を再点検することができるようになります。その結果、自分にとってより好ましいと確信できるリスク許容度の判断が可能になります。

ある物質がどの程度健康に有害かを明らかにするのは科学者ですが、有害性が科学的に十分解明されていない化学物質についての判断は困難です。規制の副作用も考慮してどの程度のリスクであれば国民は許容可能か（リスクの許容度）を判断して、最終的に規制の是非や厳しさの程度を判断するのは、大臣など政策責任者（リスク管理者）です。その際リスコミは、政策責任者にとって、問題となっているリスクの許容度（規制の厳しさ）をめぐり社会を二分する論争になっているのか、それとも大多数が賛成または反対しているのかといった状況を、確認する手段でもあります。あなたもリスコミで自分にとって好ましいリスク許容度を訴えれば、政策責任者の判断材料に一票を投ずることになるのです。

リスコミを通じて利害関係者がリスク情報を共有することで、第38項であげた七つの効用を高めることができます。

63 リスコミは賛否の前提条件を明確に

「先生は、原発賛成ですか、反対ですか、すごく興味があります」と質問されることがあります。賛成派か、反対派かを知りたい気持ちはよく分かりますが、大切なことは、賛成にしろ、反対にしろ、判断の根拠となる前提条件が何かということです。安全は常に条件付きです。無条件で安全ということはないからです。

賛成なら、どのような前提条件付きで原発は安全と考えるのか、原発再稼働に伴う副作用リスクについて事故防止対策や事故防護対策はどんな前提条件で大丈夫と考えるのか。

反対なら、どんな前提条件付きで原発再稼働がなくてもやっていけると考えるのか、再稼働しないことに伴う副作用リスクの一つ、電力の安定供給懸念についてはどんな前提条件で大丈夫と考えるのか。

前提条件がどの程度、実効性や実現可能性があるかによって、その時点での賛成、反対が言えます。原発の再稼働賛成、反対の議論は、判断根拠となる前提条件を明確に示すことから始めるべきです。

もちろん、前提条件の実効性や実現可能性は時とともに変わるものです。前提条件が本当に現在でも今後も、当てはまるのか、確かめることが大切です。また、リスコミを重ねるうちに、前提条件の実効性や実現可能性について認識が変わることもあります。前提条件の実効性や実現可能性が期待できなくなれば、その時点で前提条件を見直さなければなりません。その結果、従来の意見が変わっても、「ブレる」とか「変節した」ことにはなりません。安全の前提条件は、実効性や実現可能性のあるものでなければならないからです。

識者を反原発派か原発容認派かで分類することがありますが、リスコミにとって百害あって一利なしです。安全の前提条件に関する識者の考え方（理由）が無視されているからです。識者の意見が変わると変節したと批判されることがありますが、これはリスコミを否定することにほかなりません。

64 リスコミは副作用対策を競い合え

(1) 相手説の副作用を強調しがちなリスコミ

原発賛成派が経済的影響リスクの回避というメリットを求めると、副作用として原発事故リスクが懸念される。それに対して反対派の原発事故リスクの回避というメリットを求めると、経済的影響リスクという副作用が懸念される。どっちのメリットが重要かの議論だけでは、安全の前提条件となる副作用リスクに対する備えが欠落してしまいます（表8－1）。

実際の議論ではどうか。賛成派は、再稼働しない場合の経済的影響リスクの重大性を力説し、反対派の主張には副作用リスク対策が欠落していると強調します。一方、反対派は、再稼働した場合の原発事故リスクの重大性を力説し、同様に賛成派の主張には副作用リスク対策が欠落していると強調します。つまり、両者は互いに相手の主張には副作用リスク対策が見過ごされていると主張しているのです。

(2) 副作用対策を競い合うリスコミを

新薬は、副作用リスクが無視できない場合は、安全審査に合格しません。

表8－1　原発再稼働に賛成・反対のメリットとリスク（副作用）（筆者作成）

	再稼働賛成	再稼働反対
メリット	(B) の回避	(A) の回避
リスク (副作用)	原発事故（A）	経済的影響（B）

原発の再稼働問題でも同様に、賛成派は再稼働した場合の原発事故の防止対策と、万一原発事故が発生しても被害を最小限に食い止める防護対策を示して、賛成派の副作用リスクが反対派の副作用リスクより許容しやすいことを訴えるべきです。反対派は再稼働しない場合の経済的影響の防止対策と、万一経済的影響が発生しても被害を最小限に食い止める防護対策を示して、副作用リスクが賛成派の副作用リスクより許容しやすいことを訴えるべきです。

例えば、リスコミで次のような意見が出たとします。

・規制委員会は新規制基準についてだけ審査するのではなく、原発技術の管理能力や万一事故が起きた際の危機管理能力も厳しく審査すべき。
・新規制基準の性能基準を実効的にするために、規制庁の審査担当職員の人材を質的にも量的にも確保すべき。
・国は、規制委員会の安全審査をパスした原発は、再稼働に向けて地元自治体の理解が得られるよう最大限の努力をすると言っているが、自治体が策定する避難計画は米国のように国が審査すべき。

通常のリスコミでは、こうした意見が賛成派から出るとは思われないのではないでしょうか。しかし、原発を推進する電力会社が、上記のような再稼働の副作用リスク対策の強化を主張すれば、「再稼働の結論ありき」という反対派からの不信感を払拭しやすくなります。反対派も同様に、再稼働しないことによる副作用リスク対策を具体的に主張することで、「再稼働反対の結論ありき」という賛成派の不信感を払拭しやすくなります。リスコミでは双方が自説の副作用リスク対策の実効性を競い合うことが、安全の前提条件の検討に欠かせません。

65 〝ボタンの掛け違い〟に注意――有害廃棄物をめぐる知事の苦悩

平成26年7月まで2期務めた滋賀県知事は、初当選した平成18年の知事選で県内で問題となっていた、不法投棄された産業廃棄物の完全撤去を訴えました。当初、知事は環境省の補助制度を使って完全撤去するつもりでした。ところが国の補助制度は平成25年度までの時限立法であるのに対して工期が10年程度を要し、その上、撤去費用が２５０億円という莫大な額に上ることが分かり、厳しい県の財政事情のもとでは公約の実行が難しくなりました。そこで完全撤去の方針を諦め、費用が45億円で済む封じ込め対策を提案したところ、話が違うとして地元住民の激しい反対にあって撤回せざるをえなくなりました。

なぜ知事が地元住民とリスコミしても理解が得られなかったのか。その原因として二つ考えられます。一つは、言うまでもないことですが知事が選挙公約と異なる対策案を提案したので地元住民の信頼が得られなかったことです。

為政者が一度失われた信頼を短期間に取り戻すのは容易ではありませんが、だからこそ信頼回復の政策をできるものから直ちに実行に移すこと求められます。

例えば、封じ込め案に対する住民の不安を取り除くために、知事は県下の全ての最終処分場の安全性点検調査を一斉に実施したとします。有害物質の漏れが見つからなければ住民は封じ込め対策を信頼するようになります。仮に漏れが見つかるようなことがあれば隠さず公表し、直ちに改善命令を出して封じ込めを徹底させます。そして問題となっている不法投棄された有害廃棄物についても、封じ込め対策をした後は、有害廃棄物最終処分場と同様に安全性点検調査を実施することを住民に約束します。

こうした知事の透明性の高い行動実績の積み重ねが、知事に対する住民の信頼感を醸成し、封じ込め対策に対する住民の不安を取り除いていくことにつながります。

知事が地元住民とリスコミしても理解が得られなかったもう一つの原因として、リスコミする前の段階に問題があって、学者・専門家による対策案の検討段階で、地元住民とのリスコミが機能していなかったことが考えられます。

先ず、リスク管理の手順と住民関与のリスコミの関係を整理すると、知事が対策の最終決定するまでに以下のリスク管理の手順①、②、③があります。

①　学者・専門家による対策案の検討段階

検討会を地元住民など利害関係者に対して公開します。検討結果（案）について地元住民意見（パブリックコメント）を求め、不十分な点があれば修正して最終報告を取りまとめ、公表します。同時に質問に対する回答と意見を採用しなかった理由を明らかにします。

② リスク管理者である知事が、①で学者・専門家が検討した対策の選択肢の中から対策を選択し、選択理由を地元住民に説明（リスコミ）する段階

住民は①の段階で案件の概要を理解しているので、予備知識をもってリスコミ（説明会）に臨むことができます。

③ 知事が対策選択の最終的な意思決定する段階

住民とのリスコミを参考にして、同時に他の県政の重要リスクとリスク対リスクの比較をして対策選択の最終的な意思決定を行います。

地元住民のリスコミの機会は①と②にありますが、前述した知事と地元住民とのリスコミは②の段階のものに該当します。知事が理解を得られなかったもう一つの原因として考えられるのは、①段階における検討会委員と地元住民とのリスコミのあり方です。

そこで①段階の経緯を辿ってみると、県の対策検討委員会は、平成20年4月に報告書を知事に提出しています。その中で委員会は完全撤去を含む7通りの対策案を検討し、委員会の推奨対策案として完全撤去の対策を委員会で採決して知事に報告しています。

問題は、対策委員会の構成にありました。対策委員会は科学者・専門家と住民代表で構成されていたのです。一般的に対策委員会に住民代表は入りません。入るとどんな不都合なことになるのでしょうか？　委員会では学者・専門家が複数の対策の選択肢を検討し、さらに対策案

ごとの特性、長所、短所などを検討するので、専門知識のない一般市民代表が入っても役割を果たせないからでしょうか？　確かにそれも考えられますが、ここで注目してもらいたいのは主題のリスコミの観点です。

もともと地元住民は、①の段階で学者・専門家で構成される委員会から、検討内容として情報提供を受ける立場にあります。ところが実態は、その地元住民代表が、地元住民など利害関係者へ情報提供する委員会にも参加するという、一人二役（利益相反）が起きているのです。このような委員会が採決で決めた推奨対策案について、住民側がリスコミを望んでも、委員会に住民代表が出ているではないですかと言われて、リスコミの機会を失うことになるのです。

また、住民代表も参加した委員会の推奨対策案は、学者・専門家による報告書ではなくなります。これは、単に形式的なことを言っているのではなく、推奨案の採決に影響する可能性があるのです。「『臭いものに蓋をする』ことがリスク管理」のところで述べたように、学者・専門家は封じ込め対策を推奨すべきと思っても、完全撤去を主張している住民から「やはり学者・専門家委員は住民の味方にならない御用学者」と思われるようなことになれば、市民との信頼関係にひびが入り、報告書の信頼性にも影響してきます。それを懸念して推奨案の採決に当たって、学者・専門家委員は、たとえば、リスク対策の効果が変わらなければ費用が高くても住民が支持する案を選択するといった影響があり得ます。

なお、その後の経過に関心のある方は、滋賀県のＨＰ（http://www.pref.shiga.lg.jp/d/saisyu/gaiyo.html）で見ることができます。環境省の補助制度を受けて平成24年に地下水汚染の拡散防止を目的とした一次対策工事に着手。補助制度も延長されて平成25年からは原因廃棄物等の掘削除去や底面粘土層の修復と側面に露出した地下水帯水層の遮水等を含む二次対策工事を実施して、平成32年度末の工事完了を予定とのことです。

66　世の中には話しても分かろうとしない人もいる

リスコミの一例として、環境アセスメントの手続きにおける住民説明会があります。環境アセスメントとは、環境に大きな影響を及ぼす可能性のある事業、例えば高速道路を建設する場合に高速道路運営事業者が、事前に環境影響について調査・予測・評価するとともに環境対策の検討を行い、住民や関係自治体などの利害関係者の意見を聴取して、その事業（高速道路）の実施（建設時と供用時）に際して環境の保全について適切な配慮を行うための手続きです。

環境アセスメント手続きの中で行われる住民向け環境影響説明会の主催者は高速道路運営事業者です。参加者は、一般的に主催者（①）を含めて次の通りです。

①高速道路運営事業者（道路建設業者ではありません）

②周辺住民など利害関係者
③司会者
④専門家

このうち①、②と③は不可欠で、③の司会者は①の方で自ら出す場合もあれば、第三者を用意する場合もあります。さらに④の専門家については、専門的な事柄を分かりやすく説明してもらうために、①が用意する場合があります。

説明会では、③の司会のもとに、先ず①が、1日の自動車通行量が何万台の4車線の高速道路で、自動車排ガスによる大気汚染や騒音の影響評価、土地改変に伴う自然への影響評価などと、それらの環境対策など、事業計画の内容について説明します。場合によっては④が、例えば自動車排ガスの健康リスクや自然環境への影響などについて説明することもあります。これに対して②が気懸かりな環境影響について①や④に質問し、それに①や④が答えるというのが一般的な説明会です。

その結果、①が説明した道路建設計画は②の理解が得られるのかというと、必ずしもそうとは行きません。むしろ、②から出された要望について、①が後日回答することを約束し、再度、説明会を行うこともあります。場合によっては、どうしても②の理解が得られなくて、紛争に発展することもあります。理解が得られないのは、①の説明の仕方などリスコミのやり方が下手だからかというと、それだけではないのです。

①が②の要求を全て受け入れるとはかぎらないし、②の皆が①の事業計画を納得するとはかぎらないからです。なぜなら、①の中にも②の中にも、次のA〜Eの5つのタイプの人びとがいるからです。

A：話せば分かる人
B：話さなくても分かる人
C：話しても分からない人
D：話しても分かろうとしない人
E：話は分かっているつもりだけどその気になれない人

Cタイプの人は、理解に必要な情報を提供して、根気よく丁寧に説明すればAタイプに変わりうる人です。

Dタイプの人は、自分の心配しているリスクを最優先事項として、他のリスクについては話し合う余地はないと思う人たちです。いわゆる抵抗勢力と呼ばれる人たちです。例えば、高速道路の建設で仕事が増えることを期待している地元建設業者のように、建設計画が遅れたり取り止めになるリスクの方を最優先に心配する場合です。また、地域住民の中には、高速道路は自分たちの地区を素通りするだけで、排ガスと騒音をまき散らすだけなので環境影響リスクを最優先事項として捉える場合があります。このような場合、地域住民から見ると、建設業者は自分の利益ばかり優先して話しても分かろうとしないDタイプの人に思えてしまいます。また、建設業者から見ると、地域住民は常に環境影響リスクを最優先にしか考えないDタイプの人に見えてしまいます。立場が違えば心配なリスクの優先順位が違ってきて当然です。

Dタイプの人の意見は、リスク対リスクの比較の観点から自分のリスク許容範囲を判断するうえで貴重な判断材料になります。

Eタイプの人は、自分では理屈は分かったつもりでも、なんとなく気持ちが悪いと思う人たちです。しかし、本当は分かっていないのです。風評に惑わされやすいタイプです。理屈が分かっていれば風評にも惑わされることはありません。世の中には筆者も含めてリスクによってはEタイプになる人が大勢いるのではないでしょうか。

リスコミはAやC、Eタイプの人たち向けにやさしく、丁寧に説明して質問に答えることのように思われがちですが、むしろDタイプの人がいるからこそ価値観の異なる人たちと共存するためのリスコミが必要なのです。

67 リスコミにおける科学者・専門家の役割

人は何ごとにつけ、安全だと思っているから安心していられるわけですが、無条件で安全ということはありません。

しかし、困ったことに安全の前提条件を理解するには、専門知識を必要とします。原子炉の安全性について説明されても、初めて聞く話だと理解には限界があります。そうなってくると、信頼できるあの先生の話だから安心できるということになります。どんなに斯界の権威と言われる人でも、あの先生は企業寄りの人だから信用できないなどと風評が立つと、いくら安全の前提条件を分かりやすく説明しても、理解は得られません。リスコミ参加者から信頼されていることが科学者・専門家の要件です。

しかし、信頼できる科学者の話だから安心できるといっても、問題となっているリスクを許容するか、許容できないかを判断するのは、影響を受ける可能性のある利害関係者です。科学者・専門家ではありません。そして、利害関係者に対して安全に責任を持つのは、リスク管理者です。この関係がよく思い違いされるところです。

リスク管理者が、リスクに対する過剰反応を排したいと思う余り「リスクを正しく心配する」

と言って、あたかも科学的に客観的に正しい許容度が存在するかのように思い違いして、科学者・専門家に対して「これは安全です。心配無用です」と太鼓判を押してくれるように頼むとすれば、それはリスク管理者のリスク許容度を科学者・専門家に押し付けることになります。

科学者・専門家はリスク管理者の意に反して、当然「絶対に安全とは言い切れません」と答えます。それを聞いた一般市民はゼロ・リスクを願望しているので、「それ見たことか、科学者・専門家が絶対安全とは言い切れないと言っているではないか」というような話になって、本来のリスコミからだんだん話がそれていってしまいます。

リスコミにおける科学者・専門家の役割は、リスク管理が機能する条件を、そして、万一、条件が崩れてリスクが発生した場合に危機管理が機能する条件を、分かりやすく説明して、利害関係者にとってリスクが許容範囲内にあるかを自ら判断しやすくするために必要な判断材料を提供することです。

68　原子力規制委員会とのリスコミ

規制委員会の独立性は、利害関係者とのリスコミを排除するものではありません。それどころか、規制委員会が判断した考え方を利害関係者に説明し、関係者の疑問、提案を受ける場がリスコミです。原発の安全性が国民から信頼されるためには、原発の安全規制を担う規制委員会がリスコミで果たす役割は極めて重いものがあります。

規制委員会は公開されているし、議事録も公開されています。しかし、当然のことながら内容は高度に専門的です。傍聴していて分からないからといって一般市民がその場で質問できるわけではないので、議事録が公開されているとは言え、理解に限界があります。現実には、地域防災計画を策定する自治体などから、規制委員会の説明（リスコミ）が足りないという声があがっていると言われています。こうした声は、原発の安全性に関する判断材料を得たいという利害関係者の切実な要求なので、規制委員会はこれに積極的に応えるべきです。国はそのための要員確保に努めるべきです。原発大国の米国の原子力規制委員会（ＮＲＣ）も利害関係者とのリスコミを重視しています。なぜなら規制委員会がリスコミ重視の姿勢を鮮明にすることは、原発の安全性に関する国民への情報公開と手続きの透明性を保証するメッセージとなるからです。リスコミの目的の一つは信頼関係の醸成ですが、利害関係者への丁寧な説明が規制委員会の信頼獲得に不可欠です。

規制委員会とのリスコミでは、規制委員会は安全性を最優先するという意味での独立した原子力のリスク管理者であることを心得ておく必要があります。活断層のように科学者の見解が異なる場合であっても、リスク管理者は、安全性を判断しなければなりません。その場合は予防原則に基づいて判断します。予防原則は必ずしも禁止を意味しませんが、「因果関係がはっきりしないもとでの全面禁止はリスクに対するバランスのとれた対応とは言えないが、被害が甚大になるような可能性がある場合には唯一可能な対策であることを排除するものではない」のです（☞34項）。規制委員会の判断結果に対して過剰規制だという意見は筋違いです。前に述べたように性能基準は、安全性の説明責任は電力会社にあって、説明が十分かどうかを判断するのがリスク管理者である規制委員会だからです（☞35項）。もちろん、利害関係者の言い分に耳を傾け、規制委員会の判断と同等以上の安全性を実現できる別の方法の提案は認められるべきです。

他方、車を使用するために国土交通省が自動車の安全性審査を行うように、規制委員会は、法律で「原子力利用における安全性の確保を図ることを任務」とすると定められているように、規制するからには原子力（原発）の使用が大前提となっていることも心得ておかなければなりません。安全性最優先の原則だからといって無条件で原発を使用しないことを求めようとするとリスコミがかみ合わなくなります。

そう考えると、規制委員会の判断は委員次第になります。ですから委員は内閣総理大臣が任命しますが、国民の代表である衆参両院の同意を得ることになっています。

原発を使うかぎり原発事故のリスクはゼロにはならないので、規制委員会は原発に不安を感じている側からは、まだまだ規制委員会の判断は不十分であると思われ、また、規制される側からは厳し過ぎる規制であると不満に思われるという宿命にあります。これは規制委員会にかぎらず全ての規制のリスク管理者について言えることで、逆に、一部の利害関係者から歓迎されるリスク管理者は要注意です。

69 政治家はあなたの利害関係代理人である

専門知識のないわれわれ一般市民にとって、原発再稼働の反対意見を聞いたその時は納得したはずなのに、次に原発関連の商売をしている人の容認意見を聞くと、それもそうだな、と思うことはありませんか。結局、どっちの言い分も正しいと思えてきて、自分の意見を決められない、ということがありませんか。リスコミで他人の話を聞いてもなかなか自分の意見を持つのは容易ではないことも現実です。

このように、どっちの意見が良いか決めかねているときに、カリスマ性のある政治家の演説を聞いて「そうだ」と思えば、あなたはその政治家の政策を支持すると思います。その意味で、政治家は世の中のリスク管理の方向を決めるのに大きな影響力を持っています。その政策がマスコミで報道されればされるほどその威力は益々大きくなります。

問題は、政治家の掲げる政策があなたにとってメリットがあるかどうかです。冷静に判断しなければならないところです。政治の目的は、住みよい社会を作ることであるとすれば、そのための政策を訴え、実現するのが政治家です。しかし、与党の政治家もいれば、野党の政治家もいるように、政策には目的の違いもあれば、達成手段の違いもあります。その違いはどこから来るのかと言えば、社会はさまざまな利害関係者で構成されているため、政策によってメリットを得る利害関係者とデメリットを負う利害関係者が違ってくるからです。

評判の良いソムリエは料理に合ったワインを選ぶのが上手いように、人気のある政治家は支持してくれる利害関係者のメリットに合った政策を選ぶのが上手い政策のソムリエです。しかし、ワインを造るのは醸造家であるように、政策を考えるのは専門家集団です。どんなに優れた政策でも初めは少数の専門家集団の議論、討論の中から生まれるものです。したがって新政策は、初めのうちは少数意見です。それが嗅覚の優れた政治家の目に留まって、「これはいけそうだ」となれば、カリスマ性のある政治家であれば、難しい政策を一般市民の心に響く言葉に翻訳して市民の圧倒的な支持を集めることを可能にするのです。このように少数意見を多数意見に変える力が、リスコミにおける政治家の影響力です。

原発の早期再稼働を待ち望んでいる電力会社は当然、脱原発の政策には反対ですが、脱原発でデメリットを感ずるのは電力会社の経営者だけではありません。例えば、２０１４年2月に行われた都知事選挙に細川元総理が「原発ゼロ」を掲げて立候補したとき、当時の民主党は脱原発を掲げていましたが、民主党の有力支持団体である連合は、原発を持っている電力会社の労組を抱えていて雇用の安定確保を脅かしかねない「原発ゼロ」政策を掲げる細川元総理を支持するわけにはいきませんでした。その結果、民主党も党としては細川氏を支持しなかったのです。

政治家は、支持してくれる利害関係者の強力な代理人です。したがって、あなたにとって大切なことは、政治家が掲げる政策はあなたにとってどんなメリットがあるか、どんなデメリットがあるか、見極めることです。選挙は、あなたの利害関係代理人を指名する機会です。

70　リスコミとマスコミ

リスク情報の中でテレビや新聞、週刊誌ほど手っ取り早く、抵抗なく見聞きできる媒体は少ないのではないかと思います。学術論文など紹介されても門外漢にとっては、歯が立ちません。

インターネットが行きわたっている世の中ですが、専門用語の解説なしには読めないリスク情報がかなりあります。どうしてもリスク情報は、マスコミに頼らざるをえないのが現実です。したがって、リスクの許容度を判断する上でマスコミ情報は相当な影響力を発揮することになります。それだけにマスコミ情報の特性を理解して活用することが大切です。

記事を読んでもらうためにマスコミは読者の関心を惹く社会的関心事項に関する最新情報に力点を置いています。しかも、その情報が知られていないもの（特ダネ）であれば、いち早く報道することに注力します。

このことをリスク管理の立場で整理すると、マスコミは被害を受ける可能性のある読者の側に立って心配ごと（リスク）に焦点を当てます。そのためリスクの重大性に関心が向かいますが、リスクの可能性（確率）については、あまり関心がありません。同じ理由からリスク（デメリット）には関心を持ちますが、ベネフィット（メリット）もあることについては、あまり関心がありません。悪いところがあるけれど良いところもあると言えば、読者が心配しているリスクの重大性がぼやけてしまうからです。同じ趣旨で、読者の心配ごと（リスクの重大性）だけでなく、心配ごとの解決にも関心があります。こうしたマスコミの傾向は、お客さんである読者の期待に応えた結果と見ることができます。

そうは言っても、ニュースで取り上げられるリスクやその順番は報道各社で必ずしも同じにはなりません。あるリスクについて取り上げる社もあれば、取り上げない社もあります。許容範囲内にあるリスクのニュースであると社が判断すれば、特に報道するまでもないからです。実は、この過程でマスコミがリスコミに大きな関わりを持つことになります。それは、リスクがあなたの許容範囲内にあるかどうかを判断するために、マスコミを通じて求める判断材料（ニュース）は、すでにマスコミの許容範囲のふるいにかけられたものだということです。リスコミは双方向との対話と言われますが、リスク情報の発信者との直接対話の機会は物理的にかぎられます。多くはマスコミを介した間接対話が中心になります。

マスコミは、読者が一つ一つ付き合いきれないほどの大量のリスク情報を、事前にふるいにかけてリスコミ材料の絞り込みをしてくれますが、その絞り込みがリスコミの議論の方向性に大きな影響を及ぼしています。

読者のマスコミに対するもう一つの期待は最新情報であることです。このため原稿の締め切りに間に合うように、かぎられた時間内で記事にまとめなければならないという絶対的な制約条件があります。

原発の事故のように、事故は突然発生します。現場に駆けつけるにしても近づけません。どこに取材するかによって記事の内容が決まってしまいます。しかも、シーベルトとかベクレルとかの単位はこれまで記事にしたことのないものです。先ず情報を理解してから記事にしなければなりません。時間的制約との戦いは、情報収集、入手情報の重大性の軽重に関する理解との戦いです。原稿をまとめるに当たっては紙面の制約もあります。しかも、同時にいくつかの事件が発生すれば、それについてもカバーしなければならないこともあります。

こうして書いた原稿は、編集局に集まった多くの記者原稿の中から読者の関心を惹きそうな順に編集して見出しが付けられて記事になっていきます。このように最新情報であるがゆえに、報道内容には避けがたい制約があることに留意する必要があります。

71 リスコミは全会一致が目的ではない

利害関係者が参加するリスコミは、賛成、反対のどっちの主張が科学的に正しいかを議論する場ではありません。科学論争なら科学者・専門家に任せればよいからです。問題となっているリスクを許容できるか、できないか、判断の異なる意見があってこそ良好なリスク管理ができます。リスクは想定外でしか発生しないからです。想定外を少なくするためにも対案・異論・反論などさまざまな意見を自由に発言できる民主主義が徹底していないとリスク管理は機能しません。

福島第一原発事故では、津波対策の不備が指摘されていながら活かされなかったと言われています。リスク管理者はリスコミでの対案・異論・反論を無視せずに、対案・異論・反論のまま放置しておいていいのかを点検しながら、リスク管理する責任があります。

結論ありきで全会一致を目指すと副作用を軽視することになり、副作用リスクは発生しないという安全神話へ逆戻りしてしまいます。全会一致で一丸となって取り組むのは危機管理のときだけです。緊急事態でないときに全会一致だと、みんながリスク管理の正解に到達したと思い違いして（リスクはゼロにできないのでリスク管理に正解はありません！）全会一致の採決に安心して、リスク管理の実効性の点検継続を忘れてしまう危険性があります。むしろ全会一致でリスク対策を決めたときこそ、想定外の原因に要注意なのです。

国権の最高意思決定機関としての国会は、野党の反対があっても多数決で決めています。国会審議というリスコミの場では、与野党間にお互いの意見を尊重するという信頼関係のあることが全会一致より大切なことなのです。信頼関係があれば、お互いに聞く耳を持ち続けることができるので、採決後の運用で安全の前提条件の実効性に疑問が生じてきた際には、躊躇することなく与野党協力して見直しのリスコミがしやすくなります。反対意見を無視したままリスク管理すると全会一致で決めたことと変わらなくなってしまうのです。

72　共存のためのリスコミ

(1)　価値観の多様性の尊重を

自分と異なる価値観（許容度）の人に対して「自分の利益ばかり考えて安全を無視している」あるいは「そんなことまで心配していたら何もできない」と言って、相手の話を聞こうともせずに、自分の価値観と異なる人は信頼できないと思ってしまうことはないでしょうか。

価値観が異なればリスクに対する許容度が異なるのは当然です。リスクの過小評価、過大評価を回避するためにさまざまな価値観を有する利害関係者と対話する場がリスコミです。同じ価値観を有する者たちだけのリスコミは、賛成あるいは反対の要求貫徹決起集会の場と化してしまいます。リスコミでは価値観の多様性を尊重する姿勢が求められるのです。

(2) 安全な社会に変革する将来視点

リスコミでは、問題となっているリスクが現下の喫緊の課題として捉えられがちですが、同時にどのように安全な社会に変革していくかという将来視点も欠かせません。留意すべきことは、例えば「原発使用リスク」も「原発不使用リスク」もまだリスク（可能性）の段階であることです。したがって、副作用対策の現状だけでなく、将来の副作用対策の実現可能性の高い方を選択することが大切になります。方針選択後も、副作用対策が期待通りに進展しているか点検し続けることが大切です。もし、許容できない副作用が現実味を増してきたにもかかわらず、対策の強化が間に合いそうになければ、当初の方針の変更を決断しなければなりません。

将来の電力需要は電源構成を考える上での大前提となります。政府は２０３０年度の発電量に占める原発比率の目標を約２割としていますが、そもそも電力需要は将来どの程度になるのか。減少が見込めるなら原発がなくても何とかならないかということになるし、増大が見込まれるなら原発に頼らなくて大丈夫かということになります。

電力需要は、少子高齢化とか人口減少社会と言われる中、日本の経済社会活動が今後どのように展開していくかで変動するものです。このことは、将来の経済社会活動の望ましい姿はどうあるべきかをわれわれに提起しているのです。政策的想定外を回避するためにリスコミに求められているのは、持続可能な安全な社会に変革する将来視点です。

(3) 共存のためのリスコミ

「アメリカ・ファースト」というフレーズがマスコミをにぎわせていますが、皆が「自分ファースト」を追求すると弱肉強食の世界になってしまいます。それは誰も望まないことです。話し合いで解決しようと思えば、残された道は共存です。

福島第一原発事故で避難中の人たちが抱える心配（被ばくリスク）と原発で直接・間接に生計を立てている人たちの心配（生計リスク）について、リスコミで一方が他方の心配（リスク）を否定するようなことになっては、解決とは言えません。リスコミは相手の主張を打ち負かすディベートになってはならないのです。リスコミは、賛成・反対の二者択一の論戦ではなく、お互いに譲り合える部分を譲り合って、共存するための打開策として第3の案を模索する交渉の場と捉えるべきではないでしょうか。

第9章　共存のためのリスク・コミュニケーション

――原発再稼働問題への応用

73 共存のための打開策の選択肢

規制委員会は福島第一原発事故後、〝引き続き原発を使うために設立された〟委員会です。その設立を決めたのは、国権の最高意思決定機関である国会であり、その国会議員を選んだのは国民です。したがって、原発を使用したいという電力会社があるかぎり、規制委員会は原発を使うための条件に適合しているか否かを判断しなければなりません。規制委員会の適合判断に対し、「福島第一原発事故の教訓は、原発事故は起こり得るものであるということではなかったのか」と言って反対しても限界があります。

前項で「リスコミで一方が他方の心配（リスク）を否定するようなことになっては、解決とは言えません。お互いに譲り合える部分を譲り合って、共存するための打開策として第3の案を模索する交渉の場と捉えるべきではないでしょうか」と述べました。

「理屈はそうかもしれないが、それができれば、とっくに解決しているのではないですか？」と疑問に思われる人がいるかもしれません。筆者も、打開策が簡単に見出せるとは思っていませんが、具体的に、どのように共存するための打開策を模索するかについて、原発の再稼働の問題を例題にして、筆者のリスコミの進め方を説明したいと思います。

再稼働反対派と賛成（容認を含む）派が共存できそうな打開策の選択肢として、次の3案を考えてみました。もちろん、これ以外の案を排除するものではありません。

①案　再稼働反対派は原発事故を絶対避けたいと思っているので、賛成派が反対派と共存するためには、原発事故があっても反対派が困らない社会を展望する政策を示すこと。

②案　賛成派は原発がないと困ると考えているので、反対派が賛成派と共存するためには、原発がなくても賛成派が困らない社会を展望すること。

③案　原発の必要性の理由に発電コストの安いことを挙げている賛成派が、自ら積極的に方針転換を図るように、原発は割高な発電方式になりつつあることを示すこと。

三つの案はあくまでも共存のためのリスコミ案の例です。ここがポイントです。別の案を排除すべきでありません。

74　共存のためのリスコミのテーマ

このうち①案は、福島第一原発事故でいまだに帰還できない元住民が避難生活を余儀なくされている現実を目にすれば、「原発事故があっても困らない社会にする」案は、現状では実現不可能なこととしか言えません。

しかし、「そんなことはない！こうすれば実現可能だ！」という提案があれば、排除すべきすべきです。

ではありません。共存可能な提案であるかぎり、リスコミのテーマにして、実現に向けて議論

②案は、もちろん賛成派に対して、原発を廃止する代わりに税金を使って失業手当のような救済をするといった方策を言うのではありません。

たとえば電力システム改革、他の発電方式（太陽光、風力などの再エネ）や蓄電設備などの技術開発で、原発がなくても賛成派が困らない社会を展望することです。この議論はかなり活発に行われていますが、発電コストが原発に比べて割高になるとして原発賛成派からの賛同を得られるまでには至っていません。しかし、割安ならとっくに実現しているはずで、問題はその方向に向かって努力するかにかかっています。

今年（2018年）7月に閣議決定した第5次エネルギー基本計画では、2030年に向けた政策対応として初めて「再生可能エネルギーの主力電源化」に取り組むことが盛り込まれました。しかし、技術動向は前回（2014年4月）決定された第4次エネルギー基本計画策定時と本質的な変化はないとして、2030年度の電源に占める再生可能エネルギーの割合は前回と変わらず22～24％に据え置かれています。

一方、海外に目を向けると、福島第一原発事故を契機に2022年までに脱原発を決めたドイツの老舗重機械メーカーのシーメンスは、米国の原発メーカーを買収した東芝をしり目に

いち早く原発事業から撤退しましたが、今度は、火力発電用タービンの売り上げ減少を受け２０１７年にタービン部門の人員削減を決断（日本経済新聞、２０１７年11月17日）、続いて米国の老舗メーカーＧＥも人員削減を決断しました（同、２０１７年12月８日）。その理由は、太陽光や風力発電の伸びが急で、今後とも大型火力発電用タービンの需要の回復が見込めないからです。ここには原発需要の話は登場してきません。将来の国際競争力の強化を見据えて、中国や欧米諸国は再エネの導入に熱心です。

事業活動で消費するエネルギーを１００％再エネ（renewable energy 100%、「RE100」）で調達することを目標にする企業が世界で増えています。石炭産業労働者を支持基盤にしているトランプ大統領は温暖化対策のパリ協定から脱退すると言っていますが、お膝元の米国の世界的巨大企業アップルとグーグルは「RE100」を米国内だけでなく、世界レベルの事業活動ですでに達成しています（Solar journal、２０１８年８月21日、https://solarjournal.jp/sj-market/25428/）。国際エネルギー機関（ＩＥＡ）の元事務局長田中伸夫氏も、地球環境問題の制約が強まると、35年と言われる石油需要のピークが早まるかもしれない、と言っています（日本経済新聞、２０１８年７月14日）。世界の発電は、化石燃料から再生可能エネルギーに向かっています。

③案は、米国ではシェールガスの出現で原発の採算が悪化し、既存の原発の存続を断念する事例が出てきたように（日本経済新聞、２０１６年６月３日）、日本でも原発は経営者が思っている

よりも割高になりつつあり、デメリットの方が多くなることが分かれば、原発がなくて困る理由がなくなります。そこで、原発が割高になるリスクとその対策についてリスコミをしたらどうか、という提案です。

本章では共存のためのリスコミのテーマとして③案について議論を深めて、「原発の再稼働反対派と賛成（容認）派が共存」する社会を実現することが筆者の打開策です。

そのためには先ず、原発がないと困る利害関係者の理由を把握することが大切です。

75　再稼働賛成（容認）の利害関係者の理由

原発がないと困る理由は、利害関係者によってさまざま考えられます。一例を示すと次のようになります。

A　**国**　エネルギー政策で原発が位置付けられているベースロード電源（☞リスコミnote⑭）が危うくなる。

B　**原発を所有する電力会社**　原発1基（100万KW級）当たり年間1000億円（東電柏崎原発の場合）とも言われている燃料費節約効果（増益）が期待できなくなる。

C　**原発が立地する自治体**　原発からの税収や補助金収入がなくなる。原発関係事業がなくなると地域経済に影響が出る。

D　**原発で働く人たち**　職を失う。

E　**原発関連業者**　仕事がなくなる。

F　**電力購入者**　電力の安定供給不安。

以上の利害関係者のうちで、賛成（容認）派の主役は、国と原発を所有する電力会社です。なぜなら、原発事業は、国策民営と言われているように、原発を所有する電力会社は、民営の株式会社ですが、原発事業は、国のエネルギー基本計画に位置付けられ、使用済み核燃料の再処理事業、最終処分場の建設、再処理過程で貯まり続けるプルトニウム問題などへの対応は、国の政策主導で行われているからです。

他の賛成派は、原発再稼働の受益者です。賛成しても再稼働させる権限はありませんので、先ず、この二つの主役が前記A、Bを回避するためにどのような方策を考えているかを確認する必要があります。

リスコミnote⑭

電源構成における電源の位置づけ

エネルギー基本計画では、各エネルギー源を電源構成における電源として以下のように位置付けています。

1　**ベースロード電源**　地熱、一般水力（流れ込み式）、原子力、石炭。発電（運転）コストが、低廉で、安定的に発電することができ、昼夜を問わず継続的に稼働できる電源。

2　**ミドル電源**　天然ガスなど。発電（運転）コストがベースロード電源の次に安価で、電力需要の動向に応じて、出力を機動的に調整できる電源。

3　**ピーク電源**　石油、揚水式水力など。発電（運転）コストは高いが、電力需要の動向に応じて、出力を機動的に調整できる電源。

なお、太陽光、風力は、どの電源にも属していません。

76　国のエネルギー政策における原発の位置づけ

２０１８年７月に閣議決定された第５次エネルギー基本計画（以後、エネルギー基本計画）では、前記A、Bの対策については、「第２章、第１節３（２）原子力」で概略、次のように述べています。

①原発を「重要なベースロード電源」として位置付けて、「再稼働を進める」。

その理由として、「燃料投入量に対するエネルギー出力が圧倒的に大きく、数年にわたって国内保有燃料だけで生産が維持できる低炭素の準国産エネルギー源として、優れた安定供給性と効率性を有しており、運転コストが低廉で変動も少なく、運転時には温室効果ガスの排出もないことから、安全性の確保を大前提に、長期的なエネルギー需給構造の安定性に寄与する」としています。

②「原発依存度については、省エネルギー・再生可能エネルギーの導入や火力発電所の効率化などにより、可能な限り低減させる。その方針の下で、我が国の今後のエネルギー制約を踏まえ、安定供給、コスト低減、温暖化対策、安全確保のために必要な技術・人材の維持の観点から確保していく規模を見極めて策定した2030年のエネルギーミックスにおける電源構成比率の実現を目指し、必要な対応を着実に進める」と言っています。

ここで、「2030年のエネルギーミックスにおける電源構成比率」とは、2015年の「長期エネルギー需給見通し」で策定された2030年の電源構成比率（表9-1、表9-2）のことで、原発は20〜22％です。

つまり、原発の電源構成比率20〜22％は、「安定供給、コスト低減、

表9-1　2030年の電源構成

原子力	20〜22%程度
再エネ	22〜24%程度
LNG	27%程度
石炭	26%程度
石油	3%程度

表9-2　再エネ（再生可能エネルギー）の内訳

水力	8.8〜9.2%程度
太陽光	7.0%程度
風力	1.7%程度
バイオマス	3.7〜4.6%程度

出典（ともに）：長期エネルギー需給見通し（平成27年7月、経済産業省）

温暖化対策、安全確保のために必要な技術・人材の維持の観点から」原発を稼働させるのに必要な電源構成比率ということになります。

77　2030年における原発の電源構成割合20～22%の実現可能性

エネルギー基本計画で重要なベースロード電源と位置付けられている原発ですが、そのためには2030年における原発の電源構成割合20～22%を目指さないとなりません。ちなみに、福島第一原発事故前の2011年における原発の電源構成割合は25・1%であったものが、2016年ではわずか1・7%にとどまっています（表9−3）。

(1)　既存原発の現状

資源エネルギー庁の資料によると既存原発の現状（平成30年6月18日現在）は、表9−4のようになります。

現状をもとに、2030年時点における稼働可能な原発数を推計すると、既存原発（建設中、中断中の3基を含む）の全てが規制委員会の新規制基準適合審査に合格した場合、最大原発数は38基（＝9＋5＋12＋12）となります。

表9-3　電源構成比と発電量合計の推移

年度	2010	2011	2012	2013	2014	2015	2016
原子力	25.10%	9.30%	1.50%	0.90%	0.00%	0.90%	1.70%
石炭	27.80%	28.00%	31.00%	32.90%	33.40%	34.10%	32.30%
天然ガス	29.00%	37.70%	40.10%	40.80%	42.90%	40.80%	42.20%
石油等	8.60%	14.50%	17.50%	14.50%	11.10%	9.80%	9.30%
水力	7.30%	7.80%	7.10%	7.30%	7.90%	8.40%	7.60%
太陽光	0.30%	0.40%	0.60%	1.20%	2.20%	3.30%	4.40%
風力	0.30%	0.40%	0.40%	0.50%	0.50%	0.50%	0.60%
地熱	0.20%	0.20%	0.20%	0.20%	0.30%	0.20%	0.20%
バイオマス	1.30%	1.50%	1.60%	1.60%	1.70%	1.80%	1.80%
発電量合計（億 kWh）	11,495	10,902	10,778	10,851	10,592	10,412	10,444

出典：『総合エネルギー統計』時系列表、4. 電源構成 (発電量)、経済産業省資源エネルギー庁

表9-4　既存原発の現状

現状	原子炉基数	備考
①稼働中	9基	注1　4基は定期検査中、1基は高裁判決で運転差止仮処分中（平成30年9月30日まで）。
②適合審査合格済	5基	注2　再稼働に必要な手続きが完了していないもの。
③適合審査中	12基	注3　1基は既設の再稼働ではなく、建設中。
④適合審査未申請	12基	注4　2基は既設の再稼働ではなく、建設中と建設中断。
⑤廃炉	22基	注5　廃炉の方向で検討を進める旨を表明した（平成30年6月14日）東京電力福島第二原発の4基は、未申請ではなく廃炉に含めた。

出典：「我が国における原子力発電所の現状、平成30年6月18日時点」資源エネルギー庁（http://www.enecho.meti.go.jp/category/electricity_and_gas/nuclear/001/pdf/001_02_001.pdf）をもとに筆者作成

(2) 稼働期間40年規制の壁

既存の原発が再稼働するためには新規制基準に合格するために改修費用を再稼働期間中に回収できる見込みのあることが、前提条件となります。

しかも、再稼働期間には限度があります。新基準では、原発の稼働期間が、原発の最初の使用前検査に合格した日から原則40年を超えないことになったからです。ただし、規制委員会の認可を受けて、1回にかぎり最長20年の延長が可能です。すでに廃炉になった22基(表9-4)のうち改修できそうもないとして廃炉になった数は19基です。残りの3基(=22-19)は、旧規制基準時代に廃炉決定されたものです。

前出の2030年時点における稼働可能な最大原発数38基のうち、2030年までに原発設置後40年を超えるものは24基で、そのうち規制委員会の審査で、すでに20年の延長が認められているのが3基あります。したがって、2030年を超えても38基が稼働できるためには、21基(=24-3)が、20年延長するための改修費用を回収でき、かつ、稼働期間延長のための規制委員会の審査に合格しなければなりません。

ところで、福島第一原発事故以前の原発数(表9-4)は58基(=38+20)です。また、原発の電源構成比は2010年で25%程度(表9-3)です。エネルギー基本計画にある20~22%を達成するためには、46基(=58×(20÷25))~51基(=58×(22÷25))が必要になります。しかし、前述のとおり既存原発数は最大でも38基なので、2030年時点で原発はベースロード電源として20～22％の目標を達成できないことになります。

以上のような事情にもかかわらず、エネルギー基本計画では原発の新増設については言及していません。

⑶　新規制基準の抜本改正の時期とバックフィット制度

ハードルは稼働期間40年規制だけではありません。バックフィット制度の適用という不確定要素があります。稼働期間中に現行の新基準に、バックフィットを適用するような抜本改正が行われると、稼働中の原発はすべて改正基準の適合審査を受けなければなりません。そのための改修費用がかかります。バックフィットが適用されると40年ルールや延長20年ルールがあっても、稼働期間が無条件に保証されることにはなりません。規制委員会が「世界最高水準」と自負する新規制基準が、制定後40年間あるいは60年間の長期にわたり、それどころか、２０３０年まで現行のまま改正されないという保証はありません。

どのような場合に抜本改正が行われるのか。規制委員会の考え方は分かりませんが、万一、福島第一原発事故のような大惨事が、日本で起きなくても海外で起きれば、原因にもよりますが、抜本改正が行われることが考えられます。なぜなら福島第一原発事故をきっかけに、日本にとどまらず各国の原発安全基準が一段と強化されている傾向にあるからです。

そうなると改正のタイミングにもよりますが、再稼働のために要した改修費用の回収ができなくなるおそれがあります。また、幸い回収済みだとしても、抜本改正に適合するためのさらなる改修費用が、残された稼働期間中（改修期間も40年規制〈あるいは延長20年規制〉の年数にカウントされます）に回収できそうもないと電力会社が判断すれば、原発は廃炉になります。

78 原発を所有する電力会社の戦略？

以上のような事情は、原発を所有する電力会社が、一番よく知っているはずですが、エネルギー基本計画に示された２０３０年における原発の電源構成比20～22％に対して、実現不可能とは言っていません。また、実現できるとも言っていません。では、どのように考えているのでしょうか。

電力会社から見ると、既存の原発は、ベースロード電源として発電コストの面から見ると、石炭より割安なことが分かります（表9-5）。

２０３０年以降の電力会社の長期経営戦略として、仮に原発を新設しようとすれば1基1兆円超とも言われる巨額の資金が必要になります。また、２０３０年までに原発を新設するのは、福島第一原発事故以前に建設された既存原発でも地元調整から完成まで20年～30年の年月を要した上、後は国民の半数以上が再稼働に反対していて、ますます時間的に間に合いそうもありません。

　したがって、既存の原発で新基準適合のための改修費用を回収できると見込める原発を目一杯、使用する。そのうち稼働期間20年延長の改修費用を回収できそうな原発にかぎり、最大稼働期間60年まで使い切る、ということになるのではないでしょうか。ただし、バックフィット制度が適用されるような規制基準の大改正はないという希望的観測を前提に。大改正があれば、その時はその時点で対応を考えることにして、現時点でそこまで考えていたら、再稼働できる原発を持っていても宝の持ち腐れになってしまうとして、政策的想定外にしているものと思われます。少なくとも電力会社の経営幹部としては、任期中に財務を改善し利益を多くすることが使命であるとすれば、75項のＢを回避する最も現実的な戦略として所有原発の最大限の有効活用に活路を見出すようにも思えます。

　それを裏付けるかのように、福島第一原発事故翌年の２０１２年から２０１６年までの間で、ベースロード電源

表９－５　2010年、2014年、2030年における発電コストの試算（円/kw時）

	原子炉	石炭	LNG	陸上風力	太陽光（メガ）	太陽光（住宅）
2010年	8.9～	9.5	10.7	9.9～17.3	30.1～45.8	33.4～38.3
2014年	10.1～	12.3	13.7	21.6（15.6）	24.2（21.0）	29.4（27.3）
2030年	10.3～	12.9	13.4	13.6～21.5	12.7～15.6	12.5～16.4

注：(　) 内の数値は買い取り制度など政策経費を除いた発電コスト

出典：「長期エネルギー需給見通し小委員会に対する 発電コスト等の検証に関する報告」発電コスト検証ワーキンググループ 平成27年5月

として電源構成比（表9-3）に占める原発の割合は、0・00%～1・70%の低水準で推移しているにもかかわらず、原発の新設計画はありません。

それに対して石炭は31・0%～34・1%の高水準で推移しており、石炭が原発に代わりベースロード電源の主役になっています。温暖化防止のパリ協定に逆行するという批判があるものの、さらにベースロード電源の確保に向けて、原発4基分の石炭火力発電所の新設・増設計画（40基、2000万kw＊）を進めています。

＊【更新】『石炭火力発電所ウォッチ』サイト更新情報（2018年3月23日）http://sekitan.jp/info/plant-map_20180323/

79 原発は最後の1基になっても使い続けられるか

しかし、所有原発の最大限の有効活用戦略は、40年・延長20年規制やバックフィットの適用を運良くクリアーすれば、無事、役割を果たして終了を迎えられるでしょうか。そこで、この戦略の終末期について想像してみます。

現在、建設中または中断中の3基は新規制基準の適合性審査中または未申請ですが、審査に合格すれば、それから最長60年は稼働可能です。したがって、このシナリオで原発は順次廃炉になるとして、現在、建設中断中の東電東通原発の工事再開が見通せない状況では、原発ゼロになる時期は見通せません。残りの2基が合格するとしても、廃炉まで今後60年以上、早くても２０７８年以降になります。他方、既設の原発で最も若いのは北海道電力泊原発3号機で、運転開始が２００９年です。最長60年稼働したとすれば廃炉になるのは２０６９年です。それ以降は、現在建設中の原発2基が、審査に合格していればさらに少なくとも10年は稼働することになります。その2基も、そのうち1基になり、ついにそれも期限を迎えます。その時点で現在建設中断中の東電東通原発が建設再開できて、規制委員会の審査に合格すれば、残るは日本でこの1基だけが稼働期限まで稼働する、というシナリオが想定されます。

このような原発ゼロの終末期が想定されれば、市場規模の減少を見越して核燃料加工会社、稼働原発の施設点検会社など原発稼働に不可欠な関連会社の中には、先が見えたと言って会社をたたんでしまうものも出てくるのではないでしょうか。現に福島第一原発事故後の原発燃料を取り巻く事業環境の激変に対応して、日立、東芝、三菱重工の3社が原発燃料部門を統合する動きも報じられています。当然、原発を所有する電力各社はこうした事態を想定して、将来の稼働計画を立てているはずです。

80　各原発の稼働計画＝原発ゼロ計画

このように再稼働可能な38基（建設中、中断中の3基を含む）について、電力各社が自社原発の今後の稼働計画を考えるということは、（原発の新設をしない限り）とりもなおさず原発ゼロ計画を立案していることに他なりません。

そもそも、エネルギー基本計画に示される原発の電源構成比率20〜22%は、「安定供給、コスト低減、温暖化対策、安全確保のために必要な技術・人材の維持の観点から確保していく規模を見極めて策定した」はずです。したがって「必要な技術・人材の維持の観点から確保していく規模」として、最小限維持すべき原発数Xがあるはずです。最小限規模Xを維持できなくなった時点が原発ゼロになる時期です。

現有原発の最大限の有効活用戦略を電力各社が独自に実行するのではなく、原発各社が再稼働計画を持ち寄れば、最小限規模X割れになる時期が明らかになります。発電コストの変動に対応して、X割れになる時期について一定期間ごとに見直して、各社が自社原発の廃炉時期の確認作業を行います。

そうすることで電力各社は、自社原発をまだ稼働させるつもりでいたにもかかわらず、最小限規模X割れの時期を迎えて廃炉せざるをえないような事態を回避できます。

81 現有原発の使い切り戦略を危うくする発電コストの上昇

このような電力各社の現有原発の最大限の有効活用の戦略が成り立つためには、もう一つの前提条件があります。それは、前出の「原発は最後の1基になっても使い続けられるか」で述べたこととも関連するのですが、表9‐5に示される2030年の発電コストの試算値が、今後とも増加しない、という条件です。

エネルギー基本計画では原発は「運転コストが低廉」と言っていますが、今後運転コストが上昇するようなことになると、その程度にもよりますが、原発はもはやコスト的に割の合わない電源になってしまう可能性があります。そうなると、原発を稼働させても利益につながらず、現有原発の使い切り戦略は成り立たなくなります。

なぜそのような心配をするかと言えば、エネルギー基本計画の「2030年に向けた政策対応」(第2章、第2節)で、「4．原子力政策の再構築」として以下の課題を挙げているからです。

《(1) 原子力政策の出発点―東京電力福島第一原子力発電所事故の真摯な反省
(2) 福島の復興・再生に向けた取組
(3) 原子力利用における不断の安全性向上と安定的な事業環境の確立
(4) 対策を将来へ先送りせず、着実に進める取組
①使用済燃料問題の解決に向けた取組の抜本強化と総合的な推進
1) 高レベル放射性廃棄物の最終処分に向けた取組の抜本強化
2) 使用済燃料の貯蔵能力の拡大
3) 放射性廃棄物の減容化・有害度低減のための技術開発

②核燃料サイクル政策の推進

1）再処理やプルサーマル等の推進

2）中長期的な対応の柔軟性

（5）国民、自治体、国際社会との信頼関係の構築

①東京電力福島第一原子力発電所事故を踏まえた広聴・広報

②立地自治体等との信頼関係の構築

③世界の原子力平和的利用と核不拡散・核セキュリティへの貢献》

以上の課題がありながら、2014年と2030年における原発の発電コストの試算値（表9－5）を比べると10・1～と10・3～で、ほぼ同額です。それぞれの課題の詳細について議論するつもりはありませんが、例えば上記課題の「（4）対策を将来へ先送りせず、着実に進める取組」一つだけでも、原発の発電コストの上昇要因にならないのか気になります。

82　原発の発電コスト試算は、実態を反映しているか

(1)　費用の増加は発電コストの増大要因

「長期エネルギー需給見通し小委員会に対する発電コスト等の検証に関する報告」（以下、「発

電コストに関する報告書」）によると、表９-５に示した原発の２０１４年および２０３０年における発電コストの内訳は表９-６に示すとおりです。

さらに表中の項目ＡからＦの内訳を見ると、例えば２０１４年の発電コストの項目Ａの内訳は、次の通りです。

事故リスクの対策費用（0・3円～/kWh）

・福島第一原発事故による事故対応費用を、約12・2兆円と想定し、出力規模等により約９・１兆円に補正。

・前回の共済方式を踏襲しつつ、追加安全対策の効果を反映し、４０００炉・年に設定。（ただし今後、全ての追加的安全対策を実施した場合の効果を勘案する必要あり。）

・損害費用は増える可能性があるため、下限を提示。事故廃炉・賠償費用等が1兆円増えると0・04円/

表９-６　原発の 2014 年および 2030 年における発電コストの内訳（円 /kWh）

	2014 年	2030 年
合計	10.1 ～	10.3 ～
A 事故リスク対応費	0.3 ～	0.3 ～
B 政策経費	1.3	1.5
C 核燃料サイクル費用	1.5	1.5
D 追加的安全対策費	0.6	0.6
E 運転維持費	3.3	3.3
F 資本費	3.1	3.1

出典：「長期エネルギー需給見通し小委員会に対する 発電コスト等の検証に関する報告」発電コスト検証ワーキンググループ 平成 27 年５月

kWh増加。

費用の増加は発電コストの増加をもたらします。表9−6中の項目A〜Fの費用が予測値から変動したとき、発電コストに及ぼす影響の程度を原子力の感度分析（円/kWh）として示しています（表9−7）。

2014年における発電コスト算定後も発電コストの増加要因となる事案が起きています。例えば、2016年12月、経産省は福島第一原発事故関係で廃炉や損害賠償費用の総額が従来想定の11兆円から21・5兆円に倍増の見込みと発表しましたが、増加分10・5兆円が全額表9−7中の「事故廃炉・賠償費用等1兆円増」に対応するとすれば、2014年における発電コストを

10・5兆円（＝21・5−11）×0・04＝0・42円/kWhだけ押し上げていることになります。したがって2030年の発電コストは、現状では少なくともその分だけ上乗せした

表9−7　原子力の感度分析（円/kWh）

追加的安全対策費２倍	＋0.6
廃止措置費用２倍	＋0.1
事故廃炉・賠償費用等１兆円増	＋0.04
再処理費用および MOX 燃料加工費用２倍	＋0.6

出典：「長期エネルギー需給見通し小委員会に対する 発電コスト等の検証に関する報告」発電コスト検証ワーキンググループ 平成27年5月

値になります。その他の経費についても同様に発電コストが増加している経費があるかを点検することが必要です。

共存のためのリスコミでは、2030年時点の発電コストをより現実に即した値に更新することを国や電力会社に求め、原発が割安な電源であり続けられるかを確認することが、共存にとって大切な課題だからです。

(2) 発電量の減少は発電コストの増大要因

発電コストの内訳で、2014年と2030年とで数値が違うのは政策経費に関する発電コストだけです。それ以外の項目の発電コストは変わっていません(表9-6)。

前出の「発電コストに関する報告書」によると、政策経費の発電コストは、政策経費が2014年と2030年とで変わらないことを前提に、以下のようにして算定しています。

2014年の政策経費分の発電コスト:1・3円/kWh

=(原子力に係る政策経費〈平成26年度予算〉約3446億円)÷(現時点において全基停止していることから、既に廃炉された炉を除く43基と仮定した年間総発電電力量2578億kWh)

2030年の政策経費分の発電コスト:1・5円/kWh

＝（原子力に係る政策経費〈平成26年度予算〉約３４４６億円）÷（長期エネルギー需給見通しにおける原発の電源構成比20〜22％から求めた年間総発電電力量２２４２・５億kWh）

ここで注目すべきは、年間総発電電力量として、２０１４年は実績ゼロ（表9-3）であるにもかかわらず、再稼働の可能性のある原発がすべて稼働した場合の数値を用いていることです。また、２０３０年は、原発の新設なしで電源構成比20〜22％の実現は難しいと前述しましたが、その実現を前提とした値を用いているのです。

このように発電量を多めに見積もると、政策経費のように２０１４年と２０３０年とで費用が変わらない場合は、発電コストを実態より低めに見積もることになります。

現在、原発の発電量は往時の1割以下です（表9-3）。増えることがあっても減ることはないと思われる費用が往時のまま変わらないと仮定しても、現時点における原発の発電コストは、上記の算定方法で計算し直せば、２０１４年、２０３０年の発電コスト10円/kWhの10倍以上になってしまいます。本当かと疑いたくなります。電力会社は再稼働を切望していますが、原発はすでに燃料費節減効果どころか、発電量を多くしないと太陽光発電のように買い取り制度で買い取ってもらわなくてはならない電源になってしまっているのではないか、と思えてきます。国、電力会社とのリスコミで真偽のほどを確認する必要があります。

もし、筆者の推論が大筋として間違いなければ、原発がないと困る理由は、エネルギー基本計画にある「運転コストが低廉」だからではなくて、別のところにあるということになります。

83 原発を続ける本当の理由は、バックエンド費用の確保？

使用済燃料の再処理、使用済燃料などの特定放射性廃棄物の最終処分、原発の廃炉解体費用など、原発の後始末に要する費用をバックエンド費用と呼んでいます。こうした費用は、法律で積み立てることになっています。仕組みの概要は経済産業省のＨＰに載っている四国電力の資料（原子力バックエンド費用、平成25年４月３日、四国電力株式会社）で見ることができます＊。

＊ http://www.meti.go.jp/committee/sougouenergy/sougou/denkiryokin/pdf/023_07_02.pdf

この中で、「原子力バックエンド費用（使用済燃料再処理等費、特定放射性廃棄物処分費、原子力発電施設解体費）は、原子力発電所の稼働が大幅に低下することなどから、前回原価と比べ82億円減少している」と報告しています。

そのうち、発電実績に応じて費用を積み立てる記述は次の通りです。

「・使用済燃料再処理等費は、原子力発電所の稼働が大幅に低下（原子力利用率：前回82・０％→今回33・８％）することなどから、前回原価と比べ34億円減少している。

・特定放射性廃棄物処分費は、原子力発電環境整備機構（NUMO）が実施する高レベル放射性廃棄物の最終処分事業に関する費用を発電実績（暦年）に応じてNUMOに拠出するものであり、「特定放射性廃棄物の最終処分に関する法律」に基づき算定している。

・原子力発電施設解体費は、原子力発電施設の解体費用を、毎年度の発電実績に応じて引き当てるものであり、「原子力発電施設解体引当金に関する省令」に基づき算定している。今回原価は、原子力発電所の稼働が大幅に低下（原子力利用率：前回82・0％↓今回33・8％）することなどから、前回原価と比べ20億円減少している。」（傍線は筆者）

このように、バックエンド費用の中に、毎年度の発電実績に応じて積み立てる仕組みになっている部分があると、エネルギー基本計画に示される原発20～22％が確保できないと、バックエンド費用が足りなくなるおそれがあります。

そうなると「原発は割が合わないからやめる」という理由だけでは原発は止められなくなります。原発を止められないという意味では、前出（☞78項）の現有原発を可能な限り使い切るという戦略とも一致します。だからと言って、「バックエンド費用を確保するために原発を続ける」と、バックエンド費用の総額も増加します。結局、費用を払うのは電気の購入者、国民です。どうしたら国民の痛みが最小になるようにバックエンド費用を捻出するか、まず国、電力会社による国民への説明が必要です。

対応策として、例えば発電実績に応じた積み立て単価を引き上げるとすると、原発の発電コストが増加します。必要な単価引き上げ額が決まれば、原発の発電コストの増加分が明らかになります。

一方、再生可能エネルギーについてはエネルギー基本計画によると、

「2030年度の導入水準（22〜24％）を達成する場合のFIT制度における買取費用総額を3・7〜4兆円程度と見込んでいるが、2018年度の買取費用総額は既に3・1兆円程度に達すると想定されており、再生可能エネルギーの主力電源化に向けて国民負担の抑制が待ったなしの課題となっている」

とあります。

他方、太陽光発電ですが、2017年には脱石油依存を目指す産油国サウジアラビアでは、キロワット当たり3円の発電コストで入札した大規模太陽光発電所（メガソーラー）の建設計画が始動しています。

実は日本でも10円を切っているのが今や業界筋の常識となっているということであれば、

「今後、太陽光の買い上げは止めて、その分は原発の後始末代に向けたらどうか」

「いやいや、ことはそんなに単純な話ではない」

専門家、利害関係者（原発賛成派、反対派）間で根拠となるデータを示しながら、こうしたや

りとりをすることから、共存のためのリスコミが始まるのではないでしょうか。

84 リスク管理は政策である

問題は前項のバックエンド費用の確保だけではありません。現在、稼働中の燃料製造施設や青森県で建設中の再処理工場が使命を終えた後の解体に要する費用も、そのバックエンド費用に含まれているのか前出の四国電力の資料を見ても分かりません。まだまだ先のことでも、国、電力会社は後世の国民のためにも分かりやすい説明が欠かせません。

ところで、まだ先のことと思っていたことが、最近（2018年6月）起きました。規制委員会が承認した東海再処理施設の廃止計画です。建設中の再処理工場と比べれば小規模ながら、廃止費用は国の負担で1兆円、工期70年です。解体後に出る高放射性廃棄物の処分地は未定です。この事案は、再処理工場の解体作業が操業停止後70年にわたって行われることを示唆するものです。エネルギー基本計画では2030年でも原発は稼働していることになりますから、短くても今から100年以上の後世まで、原発の売電収入がなくなった後でも費用だけが発生する時代が長く続くことになります。

原発の問題は、世代を超える問題を提起しています。筆者は共存のためのリスコミを強調してきましたが、共存は同時代に生きる者同士にかかわる問題ですが、同時代だけでは不十分です。後世に迷惑をかけないために、問われるのは利害関係者の倫理観ではないでしょうか。

そんな遠い将来の話を持ち出さなくても、国策民営の原発の主柱となる核燃料サイクルは破綻しているという見解もあります。その理由として、解体が決まった前出の東海再処理施設の後継施設である青森県の六ヶ所村に建設中の核燃料再処理工場は1993年に着工されたものの、完成延期を20回以上も繰り返し、いまだに稼働していないこと、海外で再処理して取り出したプルトニウムで発電するはずだった高速増殖炉「もんじゅ」が、ほとんど運転することもなく廃炉が決定したこと、核兵器の原料になるプルトニウムは日米原子力協定で日本だけが特例的に抽出が認められていますが、燃やすはずの「もんじゅ」が頓挫し、貯まり続けるプルトニウムを米国から減らせと言われているので、再処理工場が稼働するようになっても、プルトニウムを通常の原発で燃料に混ぜて燃やして減量した分以上は再処理して取り出せない、といった難題を抱えていることが挙げられます。

また、特例的に日本に核燃料サイクル事業を認めてきた米国の歴代政権でも、オバマ政権で核不拡散政策を推進した元米国務次官補カントリーマン氏は、核燃料サイクル事業について、「1970~80年代にはウランの資源量は非常にわずかで、エネルギー安全保障のため核燃料サイクルが必要と考えられていたが、現在は十分な供給がある。再処理はコストが非常に高く、世界は既に見切りをつけている。こうした事実を日本は認識すべきだろう」という見方をしています（日本経済新聞、2018年7月1日）。

これに加えて、福島第一原発事故後の補償費や対策費が払えずに東京電力が実質国有化されている状況があり、そもそも原発は民間会社1社では事故対応できないので原発を1社に再編したらどうかとか、さまざまな議論が進行中です。折から電力の自由化（発電の自由化、小売の自由化、送・配電の自由化、発送電分離、電力卸売市場の整備）が進行すると、現在の原発を所有する電力会社が再編されて、原発のリスク管理者の変遷も想定されます。

共存のためのリスコミといっても、原発をめぐる前述の論点、背景の受け止め方は、利害関係者によって、一様ではありません。対応策も多様に分かれます。利害関係者にとっては、楽観シナリオと悲観シナリオに分かれると言ってもいいかもしれません。大切なことはさまざまなシナリオがあることを知ることが、自分のリスク許容度の判断材料を得る上で大切なことなのです。シナリオは政策と言い換えることができます。

なぜなら、リスク管理に正解（特効薬）はないからです。リスクはゼロにできないと福島第一原発事故で学んだつもりでも、つい、特効薬をリスク管理に求めてしまうものです。特効薬は原因が分かっていないと効果はありません。事故が起きないうちに原因は特定できません。どの原因候補から優先的に取り組むかを考えることがリスク管理です。選挙の時に各党が政策の優先順位を競うように、リスク管理は、数あるリスクの原因候補について優先順位を考える政策そのものなのです。

おわりに

世間では「リスク管理の本なら、例えば原発再稼働に賛成か、反対か、明確でないと読んでもらえないですよ。結局どうしたら良いか分からないからです」と思われているようです。しかし、リスク管理の目的はリスクが発生しないように対策することです。賛成か反対かの立場をはっきりさせた上でリスク管理するというものでもありません。

どっちが正しいリスク管理かという二者択一の議論ではなく、賛成・反対の双方にとって受け入れ可能なリスク管理の方策を見出すための議論こそが必要なのです。そのためにリスク・コミュニケーション（リスコミ）のあり方について本にまとめたいというのが筆者の長年の願いでした。

今回、それが実現できましたのは、ひとえに五月書房新社店主の杉原修さん、社長の柴田理加子さんのご理解のおかげです。元五月書房新社の鵜飼隆さんには大変ご尽力いただきました。

その鵜飼さんを紹介していただいた山岸修さんには、編集で大変お世話になりました。拙稿を読みやすくするために有益なコメントをいただきました。長年の友である税理士の北村行正さんには、筆者の願いが叶うようにと山岸さんを紹介していただき、出版に理解ある方々に辿り着く端緒を開いていただきました。

皆様のお力添えに心から感謝いたします。

２０１８年11月

佐藤　雄也

日本人はリスクとどう付き合うべきか？

あなたは、科学が進歩すれば
「リスクはゼロにできる」と思っていませんか？

発行日……二〇一九年一月一八日　初版第一刷発行
本体価格……一八〇〇円

著者……佐藤　雄也
発行者……柴田理加子
発行所……株式会社　五月書房新社
東京都港区西新橋二―八―一七
郵便番号　一〇五―〇〇〇三
電　話　〇三（六二六八）八一六一
ＦＡＸ　〇三（六二〇五）四一〇七
ＵＲＬ　www.gssinc.jp

装幀……今東　淳雄
印刷／製本……株式会社　シナノパブリッシングプレス

ISBN: 978-4-909542-15-1 C0036

著者略歴

佐藤雄也 *SATO Katsuya*

1942 年生まれ　東北大学博士課程修了、理学博士。環境庁（現環境省）などを経て中央大学大学院公共政策研究科教授・理工学部教授、2013 年から中央大学研究開発機構客員教授。専門はリスク管理・危機管理、環境政策論。

索引

あ行

か行

さ行

た行

な行

は行

ま行

や行

ら行

A～Z